テロルの昭和史

保阪正康

講談社現代新書

2715

目次

わせ」／「一人一殺」に魅せられた青年／「テロの玉突き」という真相

第二章　昭和ファシズムの形成——五・一五事件が歴史を変えた……85

第三章　暴力の季節への抵抗者たち——ジャーナリスト・桐生悠々と政治家・斎藤隆夫……121

第四章　「血なまぐさい渇望」のクロニクル
——神兵隊事件から永田鉄山刺殺事件まで

「名誉ある孤立」への道／大規模クーデター計画「神兵隊事件」／目指された「皇族内閣の樹立」／憲兵隊・特高警察の監視体制／テロの活動資金と資本主義のメカニズム／天皇機関説を排撃せよ／学生たちによる「救国埼玉青年挺身隊事件」／憲兵隊が気にした「軍人がいるかどうか」／二・二六事件の出発点としての「陸軍士官学校事件」／皇道派と統制派の権力闘争／暴力と殺人と独善の支配する国家空間／「永田鉄山刺殺事件」の内幕／罪の意識がまったくない相沢三郎／血染めの軍服に誓った東条英機／皇道派に憎まれた永田鉄山／青年将校の心理に火がつく／軍人のクーデターは「殲滅戦」

第五章　国家暴力というテロリズム
——死のう団事件の異観

あまりに異様な「集団割腹」／活発な布教活動と「不惜身命」／特高警察の残虐な拷問と「虚偽のテロ計画」／死のう団による告訴の意味／闇に葬られた拷問／テロ行為を行った特高警察の罪

序章

昭和テロリズムから見た安倍元首相銃撃事件

「政治的テロ」の衝撃

令和四（二〇二二）年七月八日に起きた安倍晋三《あべしんぞう》元首相銃撃事件は、日本国内にとどまらず国際社会をも震撼させた。その背景には、このような蛮行が令和の時代になって行われたことへの衝撃も含まれていたと言ってもいいだろう。

このテロは、政治的理由よりも、旧統一教会（現・世界平和統一家庭連合）の信者を親に持つ宗教二世である被告・山上徹也《やまがみてつや》の個人的怨恨が主であると報じられた。しかし政治指導者に対するあらゆるテロは、本質的には政治的である。今回の場合とて、安倍元首相の立ち位置、自民党政治と宗教右派との密着に対する反感に発しており、その意味では政治的なテロということになるであろう。

果たして私たちの社会は、テロが連鎖し軍事が席巻した昭和初期のような混沌の時代に回帰するのだろうか。私には、いまこそ昭和史の教訓を見据えながら、歴史の深層を読み解くことが必要だと思われるのである。

安倍元首相銃撃事件について、本章では、「歴史的な側面」と「時代的な側面」との二つの視点から検証を試みてみたい。いわばタテ軸とヨコ軸の両面から見ていくことで、現代社会におけるテロがいかなる意味合いを持つのかを確認しておきたいのである。

「正義を守るための暴力」という教訓

初めに結論めいた記述になるのだが、かつて政治テロは昭和という時代を大きく変えた。戦争への道筋のなかでもっとも大きな影響力を持ったのは、テロという暴力であった。そして昭和の政治テロを見ていくと、三つの大きな特徴がある。

1　政治テロは連続して起こる。
2　国民の多くがそれを義挙扱いする。
3　政治家が警世演説、現状批判をしなくなる。

この三点は、議会政治の死を表し、歴史が暴力によって支配されて動くことになる条件でもある。今回のテロによってはこうした動きはまだないように思えるのだが、しかし社会の底流にこの三点が流れていないかを常に確認しておくことが極めて重要である。

初めに「時代的な側面」から見てみよう。つまり現代社会の動きとこの政治テロとはいかなる関わりがあるのだろうか。そもそもの動機であると思われる宗教二世問題は後述するとして、新型コロナウイルス感染症に振り回されている時代状況、ロシアによるウクライナへの軍事侵略、さらには庶民の生活がなかなか向上しない景気動向などの現代社会の現実は、この政治テロとの間に相関関係があるのだろうか。

無論こうした一つ一つの事件、事象が政治テロを生み出すわけではないが、しかし山上某の心理状態に決行を促すきっかけを与えたのではないか、という考察が必要なのである。

私の見るところ、コロナ禍による社会の閉塞状況は、なんらかの政治的、社会的不満を持つ人々には相当の影響を与えているように思う。いわば社会的孤立感のなかで、不満や不信が増幅していく傾向にあるということだ。アメリカ社会で銃の乱射による大量殺人事件が連続するのも、そういう増幅の一つの形と見ることができる。こうした流れを振り返ってみれば、コロナ禍の社会心理的な抑圧状態は暴力と直結しやすい状況になっているように考えられる。

こうした政治テロの土壌には、ロシアによるウクライナへの軍事侵略も因になっているとの見方は、「時代的な側面」という意味で重要な視点である。いま私たちの目に触れるこの戦争報道は、わかりやすい形で、「ウクライナ＝正義」「ロシア＝不正義」という構図が提示されている。私もこの構図に異存があるわけではないが、同時にこの図式は、**正義を守るためには暴力が必要だというふうに教訓化されやすい**のである。不正義の暴力に対抗するためには、正義もまた暴力で対抗しなければいけない、という態度である。ロシアの侵攻後、そういう教訓が世界中を走り回った。

ウクライナへの各国の武力支援は、すべてその点に収斂《しゅうれん》されていった。一時期、国際社会は熱病に浮かされたようにこの教訓を絶対視した。ロシアのプーチン大統領は、ロシアには正義があり、それを示すために軍事力を用いたのだ、つまり正義の発露のために暴力を振るっているのだと強弁した。その弁こそがまた不正義の開き直りでもあると国際社会で批判され、それに対する対抗暴力が煽《あお》られたのである。

日本社会もまた「正義のためには暴力が必要である」との教訓を受け入れた。防衛費を増額せよ、新型兵器を大量購入せよ、防衛意識を高めよ、そして憲法を改正して自衛隊を明記せよ、というだけでなく、核の共有論までが表面化している。安倍元首相はこうした論の側に立つ政治家でもあった。それゆえに当初は、この銃撃事件はそういう政治論に反対する者か、それともそういう主張を強固に抱き、いっこうに形をとらないではないかと不満を持つ者なのか、などの推測も生まれた。

正義を守るためには、不正義の暴力を超える暴力が必要だとの論が、このテロ事件と個別にどういう関わりがあるのかはわからない。しかし被告の内的な動機にこういう社会的空気が影響を与えたとは言えるように思う。

五・一五事件と「涙の法廷」

この社会に微音的に、しかし確実に広がっている「正義にも暴力が必要」との認識は、テロという特別なケースだけでなく、社会的意識の変化につながっている。私たちは、テロなどの政治的行為に着目するだけでなく、そういう考えが潜在化している社会の怖さを歴史的に検証しておくべきであろう。その確認こそ、次に見る「歴史的な側面」である。

昭和五（一九三〇）年から一一（一九三六）年までの間に日本社会は政治テロに揺れた。特に昭和七（一九三二）年の血盟団事件、五・一五事件の頃は、政治テロによって歴史が動くという有り様であった。

昭和初期の日本社会は、軍事が政治を動かしていく前兆としてテロという道筋を辿ったのであった。軍事が政治の前面に出てくるときは、必ずテロやクーデターなどによって道筋がつけられるというプロセスがどの国でもあり得たのだが、日本はそれがあまりにも明確であった。

昭和五年一一月に濱口雄幸《はまぐちおさち》首相がテロに倒れたのは、ロンドンでの海軍軍縮条約への不満からであった。右翼団体に属する青年が決行者であったが、その動機は海軍の軍令部の意向を無視して政府が妥結を急いだことへの怒りからでもあった。濱口首相は決行時には命を失うことはなかったものの、その傷が原因で翌六（一九三一）年に亡くなっている。

昭和六年九月には関東軍による満州事変があり、日本は本格的に満州（中国東北部）に入り、やがて満州国建設に至るのである。この満州事変は結果的には、国家的なテロとも言える謀略的な事件であった。こうした国家的な動きが国内の右翼的な団体を刺激する結果となって、テロが活発になったとも言えた。

奇妙な表現になるのだが、テロが国家公認（少なくとも軍部公認）の状態になったと言ってもいいであろう。そうなるとテロが義挙となり、決行者たちは「真の愛国者」として遇されるようになる。昭和初期の異様さは、決行者が愛国者として持ち上げられる、その構図のなかに潜んでいると言っていいように思う。そのような例は、五・一五事件のプロセスのなかにもいくつか確認できるのである。

五・一五事件は、海軍の青年士官（と言っても三〇代に入っている者もいたが）のグループとそれに呼応した陸軍士官学校の候補生たち（二〇代前半）、そして農本主義団体の会員である農村青年たちが決起した事件である。彼らの撒《ま》いた檄文を読むと、腐敗している日本の支配階級を倒して、真の愛国者である軍人や民間有志による政権を作れと叫んでいる。

そのために首相官邸や主要官庁を襲い、まず破壊を行うと公言しているのである。自分たちのこういう行動は、我が身の栄達や損得の利害を超越した純粋な行動だとも訴えていた。結果的には首相官邸で犬養毅《いぬかいつよし》首相を暗殺する。

この事件は大掛かりなわりには首相が暗殺されたにとどまっている。

しかし実はこの事件は昭和史を大きく変える事件として年譜に刻まれた。まず事件が起こった時に、陸軍大臣の荒木《あらき》貞夫《さだお》や海軍大臣の大角岑生《おおすみみねお》らはそれぞれ、「若い連中の気持ちはわかる」と言っている。必ずしも否定的に捉えたわけではなかったのだ。実際に陸海軍内部には彼らに同情的な声が上がった。テロを容認する土壌ができ上がっていたのである。

そして裁判が始まると、法廷では意外な光景が繰り広げられていく。まさに一編のドラマのような世界が演出されたのであった。

法廷では彼らテロリストたちに存分に陳述する権利が与えられた。まだ陸軍士官学校の候補生は、事件に参加しなければもうわずかの期間で卒業して末端の将校として軍人の系譜につながることになっていた。そういう境遇を捨てて事件に参加したわけだが、自分の身はどうなっても構わない、この国のあり方こそが大事であり、自分はそのために命を投げ出してもよい、と涙ながらに訴えた。ある候補生は西郷南洲《さいごうなんしゅう》（隆盛《たかもり》）の遺訓を口にして、その教えを守り抜くと誓ってみせた。

すでに知られているように、法廷には全国から一〇〇万通を超える減刑嘆願書が届いた。指をつめてホルマリン漬けにして送ってくる者もあったというのである。

裁判長は泣き、弁護士も泣く。雑誌には彼らを英雄視する記事も多数掲載された。涙、涙の法廷だったのである。彼ら軍人やその卵の候補生たちはわずかの禁錮刑を宣告されたにすぎなかった。法廷の異常さは、とりも直さずテロリストを賛美し、彼らをして救国の英雄に仕立て上げることを目的としていたように思えるほどである。

私は犬養家の人たちに何度か会ったことがある。彼らが、「ひどい時代でしたね。被害者の私たちがどれほど冷たい目で見られたことか」と嘆いていたことが印象に残っている。候補生たちに判決が下される日、法廷の傍聴席から老婦人が立ち上がって、「裁判長様、この若者たちにお情けを。罰を与えてはいけません」と涙ながらに訴えたとも報じられている。

テロはこれほどまでに人々の感情を刺激する出来事であり、ひとたびバランスを崩すと実に呆気なく正義と不正義の関係が逆転してしまうことにもなるのだ。この逆転の構図は、行為よりも「動機」を重視していて、テロの動機が至純であり、計算や打算がない限り、それは美徳に変化してしまうということにもなるだろう。

「昭和テロ」との共通点と異なる点

安倍元首相へのテロ事件は、まだこうした歴史的な捉え方を必要としてはいないかも知れない。私怨の歪《ゆが》みからくる屈折した感情が原因のようだからである。前述した三点（テロの連鎖、義挙扱い、発言の萎縮）が見えないことを確認しつつ、社会の空気への監視の目だけは養っておくべきだとも思う。私たちの監視の目が緩む時に、時代はとんでもない方向に進みかねないと自戒しておくべきなのである。

安倍元首相銃撃事件から、日本社会の現状にどのような傾向が窺《うかが》えるか、そのことを見ておく必要がある。昭和史を長年にわたって検証してきた立場から言えば、この政治テロには昭和のテロと似ているところと似て非なるところが見事に同居している。つまりテロの変わらない本質と、テロが時代によって変化する様とが混在しているという言い方ができる。

この同質性と異質性の選り分けが必要だということになるであろう。そうすることで、私たちは時代によって変化するテロを正確に見抜く目を持たなければならない。歴史から教訓を学ぶとはそういうことなのである。

このテロ事件が昭和のテロと同質性を持っているとは、次のような共通点を指している。まず箇条書きにしてみよう。

1　決行犯の強い憎しみの持続とその実行。

2　檄文、書簡、ＳＮＳ上の発信などに自らの意思を凝縮し、それを社会や他者に訴えようとしている。

3　決行後の心理状態が不変に見える。

では、違いとしてはどのようなことが挙げられるか。これも箇条書きにしてみよう。

1　単独犯であり、集団的なスローガンがない。
2　決行者の主観としては、テロの政治化が目的ではない。
3　殺害することがきわめて事務的に行われている。

この三点は大きな違いがあるということになる。メディアの一部では、これは政治テロなどではなく、単に私怨がらみの殺人といった論も見え隠れしていた。しかしそれは甘い。前述したように、政治家に対するテロ行為はいかなる形であろうとも政治テロと言っていい。無論、私人としてさまざまな不祥事に関わり、政治家としての責任など放棄したかのようなスキャンダルにまみれた政治家がいたとしても、彼らへのテロは政治テロである。私怨であってもそれは通用しない。

ここでは、昭和のテロとの共通点として挙げた三点のうち、とりわけ「2　檄文、書簡、

ＳＮＳ上の発信などに自らの意思を凝縮し、それを社会や他者に訴えようとしている」について考えてみたい。

変化する檄文と「テロの事務化」

昭和のテロはほとんどが檄文、決起趣意書、訴えなどの書状でのアピールを残している。自分の行動はこのような意図を持っての行動であり、この行動はやむにやまれぬ思いからだと訴えるのである。

檄文の類いを残すのは、そこに決行者の本心が語られているからであろう。私は昭和五〜一一年ごろまで続いたテロやクーデターの類いは、ある意味で確信犯的な人物によってなされているがゆえに、行動では語りきれない部分があるだろうと思えてならなかった。それが明らかになるのは、まさに檄文の類いが残されていて、それが決行犯の心中を明確に語ることによってなのだと思う。

かつて私は主に昭和という時代を俯瞰《ふかん》した形で、決行犯（あるいは決行グループ）が残した書き物を調べて書物にまとめたことがある（『「檄文」の日本近現代史』）。この時に感じたことだが、決行者の心中をまとめた文章は、実際の行為を起こす前の興奮からか、日常の生活感覚とは少々ずれてくるのが特徴である。美文調に傾くきらいもある。五・一五事件などの檄文にはそれが明確に窺える。例えば次のような表現がある。

「政権、党利に盲《めし》いたる政党と之に結託した民衆の膏血《こうけつ》を搾る財閥と更に之を擁護して圧制日に長ずる官憲と軟弱外交と堕落せる教育。腐敗せる軍部と、悪化せる思想と、塗炭に苦しむ農民、労働者階級と而《しこう》して群拠する口舌の徒と！」

この一文などは確かに精神的な高揚が容易に伝わってくる。これは決行直前に海軍の指導者の一部が、檄文がないと自分たちの行動が伝わらないということから急遽、筆をとったというのである。名文というのとは異なるが、文章にリズムがあり、それが感情の高まりと重なり合う危険な気配も感じられる。

一方、安倍元首相銃撃事件の決行者である山上被告は、安倍元首相に恨みや怒りを持っているわけではないとの手紙を、フリージャーナリストで旧統一教会の実態を追っている人物に送っていたとのちに報じられた。

山上某は母親が旧統一教会に莫大な寄付をして、現実には家庭が崩壊したことに心底から憤っていたわけだが、ジャーナリストに宛てた手紙のなかでも、安倍元首相がこの団体に近い存在であることに不満を持っていた。

「苦々しくは思っていましたが、安倍は本来の敵ではないのです。あくまでも現実世界で最も影響力のある統一教会シンパの一人に過ぎません」

という一節もあり、憎しみは深いようだが、安倍元首相の存在に対して直接的には関心がないことを明確にしている。この書簡の末尾は「安倍の死がもたらす政治的意味、結果、最早それを考える余裕は私にはありません」という言葉であったというのである。

確かに山上某は、決行者として自らの行為に対する意味付けを手紙の中で行っている。また、SNS上では統一教会への怒りやその社会的問題について、多数の投稿をしている。これらを檄文の一種とみなすこともできるだろう。だが、五・一五事件の檄文のような自己陶酔ともいうべき非日常的な内容の文章とは明らかに性質が違う。

私は、昭和のテロが檄文などを残して自らのテロを政治化、社会化したのとは異なり、山上某によるテロはそうした檄文を通じた政治化や社会化を拒んでいるのではないかと分析している。決行者の意識自体が、当時と現代では本質的に変化しているのだろう。テロの時代性ともいうべきものに行き着くように思う。

決行者の心理をもう少し具体的に見てみよう。昭和のテロ、いわゆる政治テロの決行者は確信犯であり、狙撃する人物を調べて、対象への深い関心、ある種の強い親愛の情を持つに至る点に特徴がある。狙撃する敵に畏敬の念を持つに至るのだ。恨みよりもこの情が強い場合もあるという。なぜ銃で暗殺を試みないのか、と問われるたびに、決行者は日本刀あるいは刃のようなものが、狙撃対象の肉体を通じてメッセージを伝えることができると言う。対象を殺すことは自分の中で生き返るという心理を生むのであった。

逆に今回、安倍元首相を狙った山上某の特徴は、狙撃対象に特別の深い感情を持っているとは言い難いことだ。殺害することが極めて事務的に感じられるのである。

「テロの事務化」と言うべき現象が起こっているように思える。無機的でいて、殺伐としたテロの時代になっていくことに、私は恐怖を感じる。私たちはこういう時代への曲がり角に立っている。それが今回のテロの本質かもしれない。

テロリストの「徹底性」に抗う

あえて昭和のテロと安倍元首相銃撃事件の相違点について、意外な面から語っておこう。これは昭和六、七年のテロに連座した人物からの直話なのだが、彼はこういう言い方をしていた（本人は死亡している）。

「よくテロリストがテロを起こす、という言い方をする。これは間違いです。事件を起こした後の態度でテロリストかどうかが決まる。本当のテロリストというのは私のようなタイプです」

彼は苦笑いを浮かべて説明していった。どういうことか。彼によると、要人暗殺を試みた者は取り調べの時に拷問まがいの尋問を受ける。あるいは、一時の感情の間違いでの犯行なのだろうと誘導する甘言にも晒《さら》される。警察や検事の取り調べで、「悪うございました」と頭を下げ、改悛の情を示すなら、それはテロリストではない。一貫して犯行を認めるも、反省せずに、「私は正しいことをした」と何があっても主張して態度を変えないのが真のテロリストである。私は獄中で「私の行動は間違っていない、正しいことをした」と信念を固めた。その時に真にテロリストになったのだ。そうならずに改悛の情を示して早期に釈放されていたら、昭和初期のテロリストたり得ていない、と言うのである。

　昭和初期のテロリズムが怖いのは、その徹底性のゆえである。そしてテロリズムが連鎖したのは、先に述べたような考えが決行者の意識として共有されるようになったからだった。逆に戦後のテロリズムが連鎖しないとすれば、決行者がそのように内面の強さを誇ったりできず、テロリズムが時代の牽引《けんいん》役などになり得ないということが現時点で社会的に共有されているからに他ならないからだろう。

　逆に言えば、**テロはいつでも、最初の波が襲ってきた時に、社会的な批判が繰り返されなければ大変な時代を招いてしまう**ということであろう。

　山上某のテロリズムは、社会的に孤立した状況で、しかも自らの人生の不運や不幸を土台にして、元首相の命を狙うことに行き着いた。暴力を連鎖させてはならない。私たちはいまこそテロルと暴力が吹き荒れ破局へと至った昭和初期の時代をふり返ることで、歴史の教訓を導き出し、時代の行く末を精緻に見つめなければならない。
本書はそのことを意図している。

第一章　残虐のプロローグ

――三月事件から血盟団事件へ

軍人の論理が日本社会を支配した

　昭和初期のテロ事件と安倍元首相銃撃事件との間に共通性はあるのか。あるいは相違点が多いのか。その検証を序章で行った。テロの本質は自らの政治的信条に反する人物を殺《あや》めることによってその存在を否定する点にあり、行為を通じて、そのことを正義と信じる心理構造が確立する。その心理構造を歴史からの視点で見抜くことは、いまの時代の病理を深くえぐることにつながる。

　本章から、昭和初期の政治テロの実態を、歴史をいまに引きつけて再検証し、記述していきたい。昭和初期のテロの異様さを改めて浮かび上がらせることで、テロは戦争という最大の暴力に行き着くのだという事実を確認しておく必要がある。

　昭和はテロで幕が開き、それは昭和一一（一九三六）年二月の二・二六事件まで続いた。

　昭和三（一九二八）年六月に中国東北部の満州に向かう列車が爆破された。これは、関東軍高級参謀の河本大作《こうもとだいさく》らによるテロ事件であった。乗っていたのは満州の軍閥の頭領とも言うべき張作霖《ちょうさくりん》であった。この事件からほぼ八年間、日本社会は、軍人、民間右翼、さらにはテロリズム信奉者などにより、暴力で歴史を組み立てるという道を歩んだのである。謀略、テロ、そして暗殺が渦巻き、この八年間は日本社会が大きな歪みを見せた時代だったと言ってよかった。なぜこれほどまでに暴力に席巻されたのであろうか。

いろいろな解釈が可能である。テロや暗殺が「悪」と思われなかったというのも理由の一つであろう。あるいは行為の残虐さが動機の至純さによって正当化されるという異様な集団心理が、暴力の時代を支えたとも言えるであろう。しかし最大の理由は意外に簡単で、目的のためには手段を選ばないというやり方が、この国の基本的な柱になった点にあるのではないだろうか。まさに軍人の論理が日本社会の基本的心情になったと言ってもよかった。

私は昭和時代の日本をさまざまな視点で取材した体験を持つのだが、その折の取材ノートなどを改めて繙《ひもと》きながら、昭和初期のテロの歴史を整理しておきたい。そういう時代が二度とこないために私たちが日ごろ警戒すべきはどういうことなのか、考えてみたいと思うのだ。

ピストルではなく短刀にこだわった将兵

私は昭和五〇年代に入って、昭和史を実証的に調べてみようと思い立ち、関係者に手紙を出すなりして取材の了解をとり始めた。大きなメディア組織に属していたならば、取材などは電話を入れて二日後とか三日後には会える段取りがつくれるわけだが、私は出版社を辞めて聞き書きに取り組もうとしていたので、手紙で取材を申し込み、その後もすべて手紙でやりとりを行った。そのために取材に漕ぎ着けるまでに二週間余の時間がかかった。その代わり深い相互関係を得ることができ、裸と裸の会話で多くの史実を教えてもらった。

取材を始めたときは、明治二〇年代、三〇年代生まれの証言者たちがまだ存命していた。従って、戦前、戦時下に要職についていたかなり多くの人たちが貴重な証言をしてくれたのである。昭和テロリズムの時代のテロリストや特高警察の話も聞くことができた。これらの証言は私にとって非常に大切な内容であった。歴史をさまざまな立場、多様な視点で押さえることができたというべきだった。私にとっては、歴史の授業よりも、歴史書の解釈よりも、具体的で詳しく、より人間的であった。

まず、印象に残っているエピソードからいくつかのことを記しておきたい。

二・二六事件に参加した一兵士の証言だが、「入営してまだ一ヵ月もしないうちに、あの事件に駆り出された。特に計画のことは聞いていなかったので、訓練と思っていたがやがて将校の話を聞いて、天皇さんの側近を殺しに行くと分かって驚いた。行軍を逃げ出したくなった。でもそんなことをしたら銃殺だと聞いた――」と証言を続けるうちに、自分らのようなまだ右も左もわからない新兵を自分たちの計画のために利用しようとした将校に鋭い批判を浴びせた。逆に将校からある程度計画を聞かされていた二等兵の中には、感激してこの計画が成功すればいいと、要人暗殺の現場にまで赴いた者もいた。

二・二六事件は昭和の最大のテロ（クーデター未遂事件だが）とも言えるが、その内実は暴力に依存するがゆえに、極めてさまざまな計算が見え隠れしていた節もある。事件には予備役の将校が加わっていたが、一五年ほど前にその人物の事件当時の日記が発見された。私はその日記をすべて読んだ。

日記のなかに、最終段階にあって、決起趣意書の一文を巡って小さな衝突があったと書かれていた。その衝突とは、将校たちの家族に特別の配慮を願うという一節を巡り、我々は国事犯だから、こうした一節は省くべきだとの論が起こり、その通りになったというのであった。

テロやクーデター（未遂）では、決起にあたり、こうしたやりとりが行われることは珍しくはない。

決起した青年将校たちは五ヵ月後の七月には銃殺刑に処せられている。この処刑を担当させられたのは千葉のある連隊であった。私は、銃殺時に「天皇陛下万歳」ではなく、「秩父宮殿下万歳」と叫んだ青年将校が一人いると聞かされていた。それを確かめるために千葉の連隊の人々に話を聞いたのだが、そういう証言は得られなかった。

二・二六事件に参加しなかった将校、あるいは犠牲となった要人たちの遺族にも詳しく話を聞いた。遺族からはいろいろな話を聞かされたが、誰もが心中に、決して許さない人物を強く刻んでいた。「生涯許しませんね」という言葉の重みは、テロという暴虐に対する基本的な認識に据えられるべきものであった。この気持ちに余人の入る余地はない。

もう一点、別のテロリズムの決行者が語った言がある。それはピストルではなく、短刀で対象者を殺めた事件だったのだが、その決行者は次のように語ったのだ。

「ピストルで殺めるのは欧米風の殺害方法だと思う。私は日本人なら短刀で暗殺すべきだと思う。なぜなら、テロリストは短刀を相手に刺す、そしてその短刀を通じて相手の脈拍や鼓動が伝わってくる。つまり相手は自分の中に入ってきて生きる状態になる」

極めて複雑で屈折した、異様な心理状態である。これが日本的なテロと評されて、美化されもしたのであった。こうした心理が社会の前面に出てくる不気味さには、監視の目が必要になる。付け加えておけば明治期のテロ（板垣退助《いたがきたいすけ》へのテロ事件など）はこのような心理の結果だとも思われる。

「常軌を逸した感情」はなぜ生まれるか

こうして見てくるとわかるのだが、テロやクーデター（未遂）などがはびこる時代というのは、まさに異常さに拍車がかかっている。怒りの感情が最大限に高まり、そして行動に踏み切るにあたって、あらゆる感情が常軌を逸した怒りという一点に絞られていくのがテロリズムなのであろう。こういう激する感情は元々誰もが持っているにせよ、具体的に行動にまで高まっていくというのは、やはりその瞬間は、逆に、感情の鈍麻が起こっているのではないだろうか。

感情が国家の下で集団的にコントロールされた経験が、昭和の歴史にはこびりついている。それを意識して見ていくのが我々の務めであろう。

「歴史にこびりつく」とはどういうことか。私たちはさしあたり昭和五（一九三〇）年から一二（一九三七）年までの七年間を日本近現代史におけるテロとクーデターの曲がり角と見て、徹底的な分析、解説、そして教訓とすべきなのである。そのことで私たちはテロとクーデターを克服すべきであろう。

昭和五（一九三〇）年　一一月　濱口雄幸首相狙撃事件（翌六年八月死亡）
昭和六（一九三一）年　三月　三月事件（幻のクーデター）
　　　　　　　　　　　九月　満州事変
　　　　　　　　　　　一〇月　十月事件
昭和七（一九三二）年　二〜三月　血盟団事件

昭和八（一九三三）年　五月　犬養毅首相狙撃事件（五・一五事件）
　　　　　　　　　　　七月　死のう団事件、神兵隊《しんぺいたい》事件（未遂）
昭和九（一九三四）年　一一月　陸軍士官学校事件（未遂）
昭和一〇（一九三五）年　八月　永田《ながた》鉄山《てつざん》刺殺事件
昭和一一（一九三六）年　二月　美濃部《みのべ》達吉《たつきち》狙撃事件
　　　　　　　　　　　　　　　二・二六事件

昭和の七年間にこれだけの不穏事件が起こった。あるいは起ころうとしていた。ここには単なる計画だけの事件もあり、一般的な年表に記述するには及ばないほどの事件もある。しかしこのような不穏事件を見れば、社会のモラルの箍《たが》が一度外れるとたちまちのうちに連鎖していくことだけは容易に明らかになると言ってよいであろう。こうした年譜を読んで、社会の中心軸がとんでもない方向に揺らぐことが見て取れるならば、その時代は病んでいると言っていい。

意思よりも先に決行

この年譜の中で、まず注目すべきは昭和六（一九三一）年の三月事件である。この事件については後に詳述するが、ひとことで言えば、陸軍中枢にいる人物が関係していたクーデター計画（未遂）である。中心になったのは、参謀本部のロシア班長などを務めていた橋本《はしもと》欣五郎《きんごろう》らが結成した桜会のメンバーで、無産政党の一部に国会外でデモを計画させて、議会を混乱状態にさせるというのであった。そして、それを鎮圧するという名目で軍隊が街に出て、戒厳令状態にするという計画であった。

　このクーデター計画は、最終的には、イタリアなど当時のヨーロッパのいくつかの国のように軍事主導体制へ進めようとしていた。首相にはこの時の陸軍大臣の宇垣一成《うがきかずしげ》が就任することになっていた。計画は当時軍務局長の小磯国昭《こいそくにあき》らも賛同していた。

橋本欣五郎

　あまりにも大胆なクーデター計画であった。結局、宇垣が、このような危ない計画に身を晒すような冒険は避けると言ったことにより中止になった。

　現役の軍人たちが公然とこうした計画を練るというのだから、国の根幹が崩れているとも言えたのである。陸軍の最高幹部らが怯《ひる》んで中止になったことに怒った橋本欣五郎らの桜会は、彼ら中堅幹部が先頭に立って、井上《いのうえ》日召《にっしょう》らの血盟団の団員を動かしてクーデター計画を進めることにした。それが十月事件であった。

しかしその動きを察知した宇垣や永田鉄山軍務課長らは、桜会のメンバーを次々と逮捕している。こうして十月事件もまたあえなく潰れたのである。

三月事件、十月事件が実現に至らなかったのは、現役軍人が本当はやる気がないからだと、井上日召ら民間側の国家改造論者は怒った。それではというので、井上日召の門下生ら（茨城県大洗にある日蓮宗の施設「立正護国堂」に出入りする農村青年など）が独自に行動を起こしたのが、翌年の血盟団事件であった。このグループは「一人一殺」を掲げる暗殺集団であった。井上がその後に書き残した手記によると、のちに海軍の士官として五・一五事件を起こす海軍側の革新将校らが不穏な動きをしているのを知り、護国堂に出入りする青年らの中から決行者を選り抜き、西園寺《さいおんじ》公望《きんもち》、牧野《まきの》伸顕《のぶあき》など暗殺対象二〇人余を選んで、それを決行者が殺害するとの計画を立てたというのだ。

誰を殺害するかは、井上日召と、命じられた者だけが知っていた。

こういう手記をもとに当時のテロの裏側を見ると、指導者の命令によって動く組織では、殺害を命じられても何の躊躇《ためら》いもなく実行するという状態になっていたのだ。したがって昭和初期のテロは、決行者の意思は二の次で、前述したように、行為の後でその意味を考えてテロリストになるという言い方はかなり本質を突いているように思える。昭和初期のテロの怖さとはそういう意味もあったのである。血盟団事件については本章の後半で詳しく論じる。

テロを称賛する心理の恐ろしさ

安倍元首相が銃によるテロで倒れて以降、日本社会では、時代と暴力について、また政治と宗教をめぐって、さまざまな視点や見解が明らかにされてきた。私も日本近現代史を実証的に検証してきた立場から、こうしたテロの連鎖の怖さ、さらに動機至純論への傾斜、暴力肯定の風潮などを警戒すべきだとの寄稿や発言を行った。

幸いなことに、現代社会はこうした方向に向かっているとはまだ言えない。しかし私が指摘したような動向は一部には表れているようだ。報道によると、拘置所にいる山上某の元には未知の人からの差し入れがあり、それも現金が多いというのだ。インターネット上では「減刑嘆願」の動きもあると報じられている。テロを肯定しかねないこのような動きは社会的に注視しておく必要があるように思う。

と同時に、私たちは昭和のある時期の「テロで歴史が動いた時代」の実態を確認しておく必要がある。昭和のある時期からの軍事主導体制、あるいはファシズム体制は、テロが導火線になっていたからだ。それがやがて戦争に直結し、日本は自滅の方向に進んだのであった。

　無論テロは怖いが、しかしより怖いのはテロを肯定する感性、テロを義挙と見る心理、賛美する表現なのである。昭和のテロはそのことを余すところなく教えている。そのことを何度でも確認しておきたいと思う。特に国家改造運動といった言い方をされると、社会正義への志向が感じられるようになってしまい、それが暴力の是認と一体化していることが不透明になる。その辺りをきちんと整理しておかなければならないように思う。

　次の一文を読んでほしい。

「日本国民よ！　刻下の祖国日本を直視せよ、政治、外交、経済、教育、思想、軍事、何処に皇国日本の姿ありや。政権党利に盲いたる政党と之に結托して民衆の膏血を搾る財閥と更に之を擁護して圧制日に長ずる官憲と軟弱外交と堕落せる教育と腐敗せる軍部と悪化せる思想と塗炭に苦しむ農民、労働者階級と而して群拠する口舌の徒と……」

　これは昭和七年五月一五日の、いわゆる五・一五事件（犬養毅首相の暗殺事件）当時に決行者たちによって撒かれた檄文「日本国民に檄す」のなかの一節である。読んでいくとわかるが、リズミカルな文章である。加えてその批判の矛先は、日本社会のすべての分野へと向かっている。これは批判というより、むしろ憎悪と言っていいかもしれない。

　これを書いたのは、五・一五事件の中心人物である現役の海軍士官の三上卓《みかみたく》であった。

三上ら決行者たちは、軍部自体をも強く批判している点が注目されるのである。

もうひとつ別の一文にも触れてほしい。

「現今の社会を観るに、高級為政者の冒瀆行為、政党の腐敗、大衆に無理解なる資本家、華族、国家の将来を思わず国民思想の頽廃を誘導する言論機関、農村の荒廃、失業、不景気、各種思想団体の進出、靡爛《びらん》文化の躍進的擡頭、学生の愛国心の欠如、官公吏の自己保存主義、等邦家の為、寔《まこと》に寒心に堪えざる事象堆積たり、然るに之を正道に導くべき重責を負う政権は何等之を解決すべき政策を見るべきものなく又一片の誠意の認むべきものなし」

これは昭和五年七月に省部内に密かに結成された桜会の趣意書の一部である。桜会とは、当時参謀本部のロシア班長を務めていた橋本欣五郎を中心に結成された秘密結社である。いわば中堅幕僚の集まりとも言えるし、現実に当時の軍部を動かしている中堅指導層であった。

橋本はこの年（昭和五年）の六月に、赴任先のトルコ大使館での駐在武官生活を終え、ロシア班長として日本に戻ってきた。トルコにあってはトルコ革命を研究して、トルコ解放運動の父と呼ばれたケマル・パシャに私淑し、各国の革命動静にも強い関心を持った。そしてフランス、ロシア、中国などの革命と併せて研究をして、日本にも革命かクーデターが必要だと感じて日本に帰ってきた。

陸軍内部のエリートでもある橋本は、さっそく省部内の指導者に接触する一方で、自らと同じ立場の参謀本部内の幕僚を説得している。いまの時代は政治や社会がまったく崩壊している、これを立て直すのは軍部による清新な政権しかありえない、そのために我々も動き始めようではないかと説得したのである。そして桜会を結成し、密かに革命、ないしクーデター画策に至るのであった。橋本はこうした動きを国家改造運動と称した。

青年士官が義挙に駆り立てられた背景

ここまで二つの文書（檄文と趣意書）を紹介した。ひとつは五・一五事件における青年士官（陸軍から参加したのは陸軍士官候補生、つまり陸軍士官学校の生徒）たちの決起に至る時局への不満、ないしは苛立《いらだ》ちである。もうひとつは軍内の中堅幹部による秘密結社の時局認識である。

ここには共通点がある。この共通点が、昭和のテロやクーデターの誘発要因だったということになる。それは「議会政治の否定」と「自国利益を追う外交が欠如していることへの怒り」、そして「目的喪失の日本社会への苛立ち」である。そういう社会を立て直すために軍部の全面的な支援を受けた政権か、その支持する政権にこの日本を託さなければならないというのであった。

自らの意見や思想を実現しようとし、あるいは社会改革を企図するならば、言論活動を通じて国民の支持を拡大するという道筋があるべき姿である。しかし一部軍人にとってはそんな方法は生ぬるく迂遠に思われる。暴力で一変させる方が遥かに早い。反対者への抑圧もその方が手っ取り早いと考える。前述した二つの文書はまさにその証拠になると言える。

日本近代史の最終局面である昭和史のテロ、クーデターの類いは、そういう論理で引き起こされることになったのである。

昭和五年から一一年までの七年間近く、日本社会はテロとクーデターという暴力に明け暮れた。既遂、未遂を問わず、まさに暴力によって国民的に意識が変わっていった。こうした不穏事件を並べて見ていくと、テロやクーデターは連鎖していくとの感がするのは否定できない。先に挙げた事件のなかには、テロやクーデターなどとは異なる事件もある。昭和八年七月の死のう団事件などは権力によって一方的にテロ団体扱いされたと言えるし、昭和九年一一月の陸軍士官学校事件も実は実体のない謀略であったと言われている（詳しくは第四章、第五章）。しかしこのような時代風潮を反映してテロ団体に仕立て上げたり、一方的にテロのレッテルが貼られていったりしたことも間違いない。

連携していた国家改造運動

昭和五年から一一年までの約七年間は、暴力によって社会の基軸が動いたときにはどうなるかという恐ろしい実験期間だった。そしてその出発点はこれまで紹介したように、橋本欣五郎の作った桜会もその一端を担っていることを知っておかなければならない。同時にこの頃の国家改造運動に身を投じていた者は、相互に連携状態にあったということも理解しておく必要があるだろう。そのような集団、いわばテロなどで国家改造運動を進めていく者が根を張りめぐらし合った集団と化していたのだ。これも日本的テロの特徴でもあった。

具体的に示そう。昭和六年八月二六日に東京・明治神宮外苑の日本青年館で「郷詩会」という会合が開かれた。一見すると文学サークルなどの集まりのようであるが、実はここに、この頃に国家改造運動に挺身していた者が勢揃いしていたのである。いわば顔見せでもあった。

この日は、陸軍の青年将校、海軍の青年士官、さらには国家社会主義者の北一輝《きたいっき》系の活動家、右翼思想家の大川周明《おおかわしゅうめい》に連なる一派、井上日召系の農村青年や学生、さらには農本主義者の権藤成卿《ごんどうせいきょう》系の活動家など、さまざまな人物が集まっていた。むろん彼らは非公然の活動を議論したわけではない。とにかく日本に親軍的な政権を作り、皇国日本の行く道を清純潔白にして理想国家を作ろうと主張し、確認し合ったのであった。

郷詩会は一つの組織になったわけではなかったが、先に挙げたグループそれぞれが行動を競い合うような関係になった。この点も日本的テロリズムの特徴だということになる。この集まりのなかでもっとも先鋭的、かつ具体的な行動に走ったのは、井上日召系の青年たちであった。

井上は明治四三（一九一〇）年、満州に渡り、陸軍の諜報活動の傍ら中国革命に助力したが、大正一〇（一九二一）年、日本に戻った。日蓮宗の僧侶としての修練も積んでいったのだが、日本に戻ってからの新たな修行中に、「九月五日を期して東南に進め」との啓示を受け、静岡県の松陰寺に落ち着いたと書き残している。国家改造に関心を持つ僧侶として信仰と思想を深め、国家の敵たる人物の排除こそが重要であるとの確信を持ったというのだ。そして茨城県の大洗にある立正護国堂周辺の農村青年や小学校教員などに影響力を持ち、国家改造のために、「一人一殺」をスローガンにして行動への傾斜を深めたのであった。

井上は「血盟団」と称し、自分たちは「破壊と再生」の破壊の部分を担当するのだと豪語した。郷詩会の集まりでも、その意思を隠していない。しかし、暗殺対象の計画を持っているにもかかわらず、それは明かしていない。

郷詩会に参加した者は、国家改造のためのテロなどの計画は、お互いになんとなく知っていた節もあった。まず前年昭和五年一一月の濱口雄幸首相の暗殺を図った佐郷屋留雄《さごうやとめお》のテロに、大方の者が共鳴していたのである。

昭和六年三月の橋本欣五郎の桜会を頂点とする軍内の幕僚主導のクーデターによる政治改革についても知っていた。詳しくではないにせよ三月事件の計画は視野に入っていたが、しかしこれは失敗したと伝えられていたのである。

さらに参謀本部や軍令部の幕僚、陸海軍省の政治将校などのなかには、三月事件の失敗は陸軍上層部の変心であり、そういう幹部とは一線を画して新たに十月事件を起こすという計画も進んでいた。これは橋本たちの中堅幹部の指導で行われるだけに、井上たちはそれについては期待して、自分たちも積極的に参加するつもりでいたのである。

「三月事件」と橋本欣五郎の情熱

繰り返しになるが、三月事件は、その後に頻発するテロやクーデターの先駆けになる事件だったと言ってよかった。この事件は前述のように、陸軍の中堅幕僚が、現役の陸相である宇垣一成を担いで起こそうとしたクーデターであった。中止になったのは「宇垣の変心」というのだが、実際に計画が実施される段になれば、この計画に関わった者が忠君愛国の旗を振ること自体に無理があるというのが軍上層部の一致した考えでもあったのだ。

橋本欣五郎が革命の情熱を身につけたのは、陸大を卒業してトルコ大使館付武官を経験したときに、トルコ革命を見て革命のエネルギーに打たれたからだという。橋本は自らの革命理論を説いて、次のように言った。

「革命はロシア革命のように、本来なら大流血をもって過去の不正を清算しなければならないのだ。ところが日本には皇室問題もあって、国民は流血を許さない。それに日本国民は上からの指示で動く習性がある。それゆえわが国の革命戦は、陸軍中心の速戦即決のクーデター方式にならざるを得ない」（拙著『東條英機と天皇の時代』）

私は橋本のこの革命観を、戦後に橋本の秘書役の仕事も行ったことのあるジャーナリストから詳しく聞いた。橋本は昭和初期に革命を真剣に考えた軍人だが、その心底に左翼政党や共産党の説く革命理論にも関心を持っていたことがわかった。橋本が中心になって、軍内の秘密結社である桜会が結成されると、すぐにクーデター計画として三月事件が画策され、実行寸前まで進んだのであった。

橋本がこの事件の直後に書き残したその全貌は、橋本の行きつけの料亭の女将に託され、戦後も一貫して地下に埋もれて隠されていた。そのため橋本の手記は、一作家の時間をかけた調査によりやっと発見された。

その作家とは中野雅夫《なかのまさお》のことだ。中野が発見して刊行した『橋本大佐の手記』（昭和三八年）には、三月事件の全容が書かれている。三月事件を論じる多くの書はこの中野書をもとにしているのだが、昭和五〇（一九七五）年前後に私は中野と交流があり、多くの史実を聞かされた。中野は昭和初期の国家改造運動に関心があり、その調査や交友関係は、昭和天皇側近から徳川義親《とくがわよしちか》、さらには大川周明をはじめとするその頃の国家改造運動の面々にまで深く及んでいた。

中野自身は三月事件当時は共産党に関心を持つ青年だったが、治安維持法違反で獄中にいたという。日本の革命運動に精通している作家であった。

私は、中野の『橋本大佐の手記』と、中野自身が教えてくれた当時の社会背景への知見をもとに、テロの実態がどのようなものであったか、三月事件をとっかかりに記述を進めていきたいと思う。そこから浮かび上がる事実は、意外なほどに現代に通じることが多いことにも気づくのである。

陸軍上層部が抱いていた鬱屈

橋本は三月事件の計画について、以下のように書いている。

「三月事件の計画は至極簡単である。要するに東京を攪乱《かくらん》して収拾し得べからざる状態に置き、戒厳令を布くに在る。予はこの実行を大川周明氏に一任した。而して戒厳令の場合に於て、民衆を保護し且つ攪乱者を圧迫せぬことが予の任務であった」（『橋本大佐の手記』以下同）

大川周明ら民間右翼を動員できる力を持つ者が、東京市内を騒乱状態にするというのだ。このグループは、各地から剣客を集めて警官と衝突させる、壮士らに東京各地で火災を起こさせる、拳闘会を開き観客をして警官と衝突させる、各所に爆弾を見舞う挙に出る。

こうした資金は陸軍内部から出ていて、軍務局長の小磯国昭が差配していたと橋本は言うのである。

一方で、無産政党（その頃は日本労農党、社会民衆党、全国大衆党）が議会にデモをすることはよくあったことなのだが、大川周明と親しい指導者（例えば亀井貫一郎《かめいかんいちろう》、赤松克麿《あかまつかつまろ》など）が計画する議会解散要求無産者大会を、そのまま議会に乱入させれば、騒乱状態が作れると目論むのであった。無産政党支持の労働者がどれほど力を持っているかを試すために、事件決行（三月二〇日）の前の二月一八日に無産者大会を開いて、労働者が警察に太刀打ちできるかの模擬演習を行っている。実行委員長の赤松を先頭に、議会に向かって行進を始めた。議会の門前で警官隊と殴り合いになったが、蹴散らされてしまったという。

労働者のデモ隊は口ほどではないな、と桜会のメンバーはがっかりしたそうである。実際に橋本と桜会を動かしている軍人たちは、大川周明の事務所がある丸ビルの東亜経済調査局で情報収集に努めていたが、やはり剣客を集めた抜刀隊が警官と衝突する方が混乱状態を作り出せるということになった。

この三月事件は、当初は橋本欣五郎が中心だったのだが、橋本がこんな日本社会の乱れ（議会の乱闘騒ぎ、国会議員の汚職、不況で自殺する庶民、娘を苦界に売る農民、国益放棄の外交政策など）が許されるか、一刻も早く国民を塗炭の苦しみから救い出さなければならないと説くと、陸軍上層部は賛成するのである。橋本は書いている。

「建川《たてかわ》少将〔参謀本部第二部長〕は二宮治重《にのみやはるしげ》〔参謀次長〕杉山元《すぎやまはじめ》〔陸軍次官〕小磯国昭〔軍務局長〕を解きて前夜の予の意見を慫慂《しょうよう》す。彼ら意動く」

橋本が東京を攪乱状態にすることを説くと、当初は反対していた面々も次第に納得していくのである。中野も解説しているが、陸軍次官、軍務局長、参謀次長、第二部長の地位は、陸軍大臣や参謀総長に次ぐ「陸軍最高首脳」であり、この四人が納得したら、大臣や総長も動かざるを得ないのだ。これも中野が指摘しているが、最高首脳が過激な一中佐のクーデター計画に乗ることがどれほど国際社会での信用に関わるかは十分に認識していたであろう。

それなのになぜ、という疑問がある。

それは政治が機能していないことへの陸軍上層部の怒りである。兵士の状況が富国強兵に程遠い。不況、恐慌で弱兵集団になっていることへの焦り。それに大川周明の大アジア主義に対するコンプレックスが軍人にはある。言ってみれば、軍事大国化すべく何らの手も打っていないという怒りがあったということであろう。

なぜ「三月事件」は挫折したのか

最高首脳は次第に本気になり、クーデター後の総理大臣には宇垣一成を担ぐことも決めている。宇垣はこの頃の軍内の長州閥を徹底して解体せしめると同時に、大正期には四個師団の削減を行うなど、昭和初期の軍内を押さえ込んでいた実力者であった。

宇垣はこういう計画をすべて聞いていたわけではなかったが、クーデター派は宇垣がこの計画に乗るとの印象を持っていた。

小磯は部下の軍事課長の永田鉄山に国家改造計画のプランを書かせている。永田はこういう計画に反対で、小磯に諫言もしている。しかしこのプランは業務の一端と割り切ったのか、とにかく文書にまとめている。小磯は三月事件が沙汰止みになった後に、永田にこの文書を返却している。文書を破棄するか、焼却すれば事態は変わったのだろうが、永田はこれを軍事課長の金庫に入れて、忘れた。

「のちに山下奉文《やましたともゆき》が軍事課長となって金庫を開いてみるとこの一書が出た。それを荒木貞夫に渡した。荒木は親友の真崎甚三郎《まさきじんざぶろう》に見せた。ここで永田は三月事件の主謀者であるとされ、逆賊呼ばわりとなって、永田打倒運動が展開される」

三月事件が挫折したのは、諸説あるのだが、大川周明の門下生がこういうクーデターに反対する軍人から問い詰められて、つい漏らしたということになっている。こうした話は歴史的には曖昧《あいまい》な形で決着がつくものだが、この事件もそういう不明瞭な点がいくつもあるように思う。軍内にも広がる危険性があり、当事者たちが不安と不信感に駆られていったということもあるだろう。このクーデターが実施されなかったのは、宇垣が変心したからだとの説も語られてきた。

数ヵ月前には濱口雄幸首相が狙撃される事件が起こったばかりだった。濱口がテロで倒れて病床で闘っている時にクーデターを起こすというのは、確かに不謹慎であり、かつ政治的な批判も浴びるであろう。宇垣は、何もクーデターのような形で権力を握らなくても、合法的に権力を手中に収めることの方が理にかなっていると思い始めた。宇垣の変心は、前述の軍部の最高首脳たちにも容易に理解されることであった。

宇垣の変心は最終的には決行の一週間ほど前のことだったから、橋本欣五郎ら桜会のメンバーは激しい怒りを示している。橋本が書いているのだが、軍務局長の小磯から大川グループに、「東京攪乱に必要なる兵器等は供給せる様約せるものなるも之に必要なる唯一の物件、爆弾を大川に手交せず」という状態に怒り、河本大作を通して爆弾を要求してきたとも書いている。

つまり三月事件は沙汰止みになったが、その周辺の人物の動きが、その後のテロやクーデターの予備軍化していくのである。その一つは橋本欣五郎の影響下にある軍人、民間右翼、特に大川周明を中心とする一派である。このグループは十月事件というクーデターを画策するに至るのだ。民間右翼の側でこの三月事件に協力したのは、大川周明であったが、大川は三月事件が中止になったことに激しい怒りを示すことになった。

大川を支える人脈は実に幅広く、その広がりはその後のテロやクーデターへと結びついている。その実態を掘り下げていくと、昭和期のテロには一つの幹があり、そこから決行者、資金提供者、思想家、そして支援活動家の層があることがわかる。テロとは、その層の突出してくる部分であり、そこを繋いで潮流が出来上がっていくとも言えるように思う。繰り返すことになるが、これも昭和期の特徴であった。

三月事件は当時は世間に知られなかった。太平洋戦争の終結後も知られなかった。彼らの誰一人罰せられなかった。彼らが軍を動かしていたからだ。この事件が公になっていくのは東京裁判の法廷だったのである。

満州事変と呼応していた「十月事件」

以上見てきたように、昭和前期のテロやクーデターを調べていくと、すべては三月事件が起点になっていることがわかる。この事件は、陸軍の中枢を担う将校たちによるクーデターという、なんとも荒っぽい形の政権奪取計画であった。現職の陸相の宇垣一成が首相に就くためのこの暴挙は、もし実行されると多くの犠牲者も出たであろうと想像されている。先に見たように、大川周明とその周辺の右翼人脈のツテで、無産政党も騒乱状態の演出に一役買うことになっていた。事情を知らない労働者も街頭で警官隊と衝突することになっていた。

最終的に中止になったこのクーデター計画は、無論、一般には知られることはなかった。東京裁判で一部が明らかになったとはいえ、その全体像は作家の中野雅夫が当事者の証言を体系立てて聞き出して、次第に公になっていった。そして、軍内の秘密結社である桜会を動かしていた橋本欣五郎の手記によって、より鮮明になったのである。

昭和六年当時、この未遂事件は密かに要人の間に口伝えで広まっていった。

天皇側近の一人、木戸幸一《きどこういち》は戦後になって中野に漏らしている。「この事件は闇から闇に葬られた。しかし我々には強い衝撃を与えた。いわゆる軍が国内改革を目指して、動き出した第一歩だった。その後の動乱、戦争、敗戦は全てこの事件が原点になった」というのである。

国民のまったくあずかり知らぬところでクーデター未遂が演じられる時代だったのである。しかもこの半年後には、関東軍による謀略の満州事変が起こり、軍部はまさに内と外でやりたい放題の暴力行為に走るのであった。

満州事変に呼応する形で計画されたのが、「十月事件」であった。これも軍部の佐官らが計画したクーデターであった。しかも三月事件の炎をたやすまいとする、主に桜会の幕僚が密かに動いた計画だったのである。

桜会を動かす橋本欣五郎は、この年八月に関東軍作戦部の幹部である板垣征四郎《いたがきせいしろう》が出張で東京に来た時に会っている。板垣と、やはり作戦部の石原莞爾《いしわらかんじ》は気脈を通じている同志であり、橋本の手記（『橋本大佐の手記』）によれば、二人は桜会の同志だともいう。板垣と橋本、それに桜会の根本博《ねもとひろし》（参謀本部支那班長）らは、関東軍は軍事行動を起こし、桜会はそれを支える軍事政権樹立のためにクーデターを決行するとの約束を固めたというのであった。

しかも関東軍の行動は「九月廿八日頃」として、それに呼応する桜会のクーデターは一〇月ごろとの日程まで決めている。こうした関東軍の行動は石原の案に基づいていて、緻密に練られていたのであった。結論から言えば、関東軍は予定より一〇日ほど早い九月一八日の夜半に、いわゆる満州事変を起こした。この事変が日本を戦争に引き摺り込むきっかけになったのであった。日本が変調をきたしていく道筋を歩むことになったとも言えるように思う。

さて、これに呼応しようとしたのが、橋本らの桜会が中心になったクーデターであった。それが十月事件であったのだ。ではこの事件はどのような展開を見せて、そして沙汰止みになったのか、それを見ていくことにしたい。

「クーデターありき」の杜撰な計画

クーデター計画に憑《つ》かれた軍人は、ひとたびその魔力に惹きつけられると簡単には離れられない症状を示すことになる。それが武器を持つ軍人の怖さと言っていいであろう。

まずこのクーデター計画の概要について、橋本欣五郎の手記から引用しておく。あまりにも殺伐としていて、軍人が主体になった時のクーデターがいかに非人道的かがここに明らかであるとも言えるのだが、クーデターの怖さとは暴力の極致の産物であるということではないかとも思う。

「決行計画は一夜にして政府機能を撲滅し、之に代るべき政府者に大命降下を奏請するにあり、之れが為に各大臣、政党首領、某某実業家、元老、内相、宮相等を一時に殺戮《さつりく》し、陸軍高級者は監禁乃至殺戮し、之に使用する兵力は歩兵二十三聯隊、機関銃六十丁、毒瓦斯、爆弾、飛行機等なり。

此外警視庁、新聞社も占領する計画なり」

それぞれの占拠地域の責任者は、例えば首相官邸は長勇《ちょういさむ》、警視庁は小原重孝《おばらしげたか》など具体的に決めてもいる。軍人が中心になってのクーデターだが、要人を一斉に殺害してしまうというのだから、国内は恐怖の空間になるだろう。加えて天皇に、自分たちの思う内閣を作るように命じるという。天皇の気持ちなど、ほとんど考慮していない恐るべき内容である。

どのような内閣を作ろうとするのか。橋本と長が練った閣僚名簿が、密かに桜会の幹部だけには知られていた。前述の中野雅夫の書『満州事変と十月事件（昭和史の原点2）』によるならば、以下のようになるはずだったという。

首相―荒木貞夫、蔵相―大川周明、外相―建川美次《よしつぐ》、陸相―建川の兼任、内相―橋本欣五郎、法相―北一輝、拓相（※拓＝拓務省）―藤田勇《ふじたいさむ》、警視総監―長勇

陸相を建川が兼務するのは、参謀本部作戦部長の建川が陸相につき、参謀総長に石原莞

爾を据えるためで、建川と石原で満州事変を満州国建国に持っていくための布石とするような意味があった。つまり満州事変に呼応するとの意味を持っていた。

一方で首相に荒木貞夫を据えたのは、橋本らの桜会に荒木が特別に好意を寄せているというわけではないのだが、荒木がこの頃は軍内で最も人気があるがゆえに担ぎ出そうと考えたにすぎない。この点では、三月事件時の宇垣一成のような現職を口説いて、首相に擬せようとしたのとはまさに大きな違いであった。

さらに注目されるのは、大川周明と北一輝が名を連ねていることである。橋本らの桜会は、大川周明と親しく、そのツテは国家主義陣営の藤田勇や清水行之助《しみずこうのすけ》、そして尾張徳川家第一九代当主である徳川義親などにまで広がっていた。北一輝は軍内では佐官クラスの橋本らよりも、その直系の西田税《にしだみつぎ》を通じて、尉官クラスの青年将校につながっていたのである。あえて北を閣僚に加えたのは、北の説く「日本改造法案大綱」をクーデター後の国家像に重ね合わせようとしていたためではなかった。ひとまずクーデターを行ってからは、あとは次の内閣による政策に任せるという方針だったのである。大川と北の関係は、必ずしも良好ではなかった。大正時代に仲間割れしていたのである。橋本は、北の了解を得て十月事件を起こそうとしたわけではない。

その意味では、まずはクーデターありきといった無茶で杜撰《ずさん》極まりない計画であった。

十月事件には民間右翼も加わっているかのような見方もされるのだが、実際にはほとんど加わる予定はなかった。橋本の手記では、「地方志士にして予が任務を課せしは岩田愛之助《いわたあいのすけ》、大川周明、西田税なり」とあり、岩田については「何等詳細に事前の命令を聞くには及ばず、当夜必要なる人員を準備し置くを以て当日命令せられたしとなす男らしき男なり」と書いている。岩田は愛国社を主宰していて、昭和五年一一月の濱口首相襲撃の二一歳の青年が所属していた結社であった。

大川はこのクーデターの広報、あるいは宣伝文などの執筆を担当することになっていた。いわば情報係ということになろうか。橋本は、岩田と大川は信じていたようだが、西田には信頼を寄せていなかった。その手記に「其任務を課したるも常に人員の不足などを告げ、決行の意思を疑うものありき」と書く。橋本の耳には、長が料亭で決行の血判を押したときに、西田系（それは北一輝に私淑するとの意味にもなるのだが）の将校はためらったという話が入っていた。そのためらいや血判を押さないということに、橋本らの不信は高まり、齟齬をきたす関係になったというのである。

「三月事件」と「十月事件」の相違点

十月事件は何とも陰湿な印象を与えながら進んでいった。

決行日は「十月廿四日午前三時」。事前に襲撃場所の偵察、動員連隊の確認、兵器の交付、命令系統の確認などを済ませること。合言葉は「天皇　中心」。クーデター司令部の本部は参謀本部の測量部と定めることなども決めている。午前三時というのは、襲撃人物の居場所が明確であったから。要人は官邸、私邸、妾邸などのどこにいるかを確認しておくこと。

こうした計画の全体像を見ていくと、三月事件とは共通点と相違点があることに気がつく。共通点を挙げてみよう。

(1)省部の中堅幕僚が中心であり、いわゆるエリート軍人たちによるクーデターである。
(2)議会政治の解体、軍人内閣の樹立を目指している。
(3)国家目標が曖昧で、軍官僚が権力を握ることが目的化している。
(4)民間右翼をいわば自らの目的のための私兵化している。
(5)決行時に流血の惨事が予想される。
(6)さらに天皇の軍隊であるにもかかわらず、天皇の存在に畏敬の念を欠いている。この点についての自省がない。
(7)勝手に兵を動かすことに罪の意識がない。

（7）は恐るべきことで、天皇制下の軍隊が形骸化していたことがわかる。

いずれにしても昭和のテロやクーデターは、天皇の大権を無視する暴挙であり、省部の軍人は恐るべきドグマに振り回されていたと言えるであろう。

それでは三月事件と十月事件の相違点とは何か。この違いは昭和のテロやクーデターを考える時の重要な視点を提示することになるように思う。以下に十月事件とは異なる三月事件の特質を列記してみることにしよう。

（1）省部の中堅幕僚が主であるにせよ、三月事件は軍事指導者も計画に参加していた。
（2）三月事件には民間右翼や合法左翼も参加していた。
（3）三月事件では計画が実行されたとすると、街頭で、議会内で、流血の事態になり、被害が拡大していた。
（4）三月事件では武器のみならず資金が、軍内からも流れていた。
（5）三月事件は襲撃対象が意図的に政治家や財界、さらには天皇周辺に広められた。

さしあたりこのような相違点を挙げることができるだろう。三月事件は日本社会のあらゆる領域に手を広げての不穏な計画である。これに対して十月事件はそのスケールがより小型化している半面、ある残酷さが露骨に前面に出ているように思える。十月事件には軍部の最高指導者が参加していない分、まさに下克上の動きであり、過激で直進的な性格の軍人たちの行動とも言える点が不気味であった。

実際に十月事件が一気に漏れたのは、この過激さゆえということができた。あまりにも残酷な計画に恐れをなして、密告者が出たのである。

この密告の経緯や、その後の動きなどは軍人たちの間で秘密にされていたし、計画の首謀者たちも誰一人法的な裁きを受けていない。一切が秘密にされたのだ。三月事件と同様に、である。従って密告者の動きなどは、すべて戦後になって作家の手で明らかになっていったのであった。

前述の中野がその漏れたルートを丹念に調べて明かしている。二、三語られている中で、次の説が最も妥当性を持っていると、私も思っている。

十月事件の計画会議に出席した尉官の一人が、襲撃した場所では時には全員を殺害するなどといった計画を聞いて愕然とした。こんな計画に参加したら大変なことになると震え上がった。この尉官は、桜会の会員ではない幕僚に相談している。陸軍省や参謀本部も占拠して、このクーデターに賛成でない者は逮捕して殺害すると橋本らは言っているとの内容に、この幕僚も驚き、すぐに作戦課長の今村均《いまむらひとし》に相談して、やめさせようということになった。

今村は特別の権限を持っているわけではないが、参謀本部の作戦課長というのは軍の作戦計画の要である。軍の統帥権を実際に握っている部門といってもよかった。その立場にいる今村はすぐにその全容を調べ始めた。橋本らの計画はひとたび綻《ほころ》びが出ると、次々と穴だらけになっていった。

狙われていた西園寺公望

十月事件の概要が漏れたのは、この決行計画に参加することになっていた中堅幕僚たちが、あまりの凄惨な計画に震え上がったからだと述べたが、橋本欣五郎や長勇などによる計画内容は、革命とは血を流す量に比例して成功の可能性が高まると考えていたかのようであった。

改めて計画の概要を、橋本が残した記録『橋本大佐の手記』の一節で語るなら、「之れが為に各大臣、政党首領、某某実業家、元老、内相、宮相等を一時に殺戮」するというのである。そのために軍内の武器弾薬、機関銃、飛行機などを用いるという。それこそ日本社会の指導部に位置する政治家、財界人、議会関係者など五〇人余が一挙に殺害されるのだ。

まさに血なまぐさいクーデター計画であった。もしこんな計画が実行されたなら、日本社会は恐怖というより、不気味極まる暴力空間になっていたであろう。

国家社会の秩序は一気に崩壊し、その傷は一世紀以上にわたったであろう。そして、この国の行く末には、考えられないほどの混迷が続いたのではなかったか。

この殺害計画の中には、元老も含まれている。西園寺公望である。昭和天皇の最も信頼の厚い西園寺は、この期の首班指名の権限を持っていて、西園寺の推挙する人物に天皇はそのまま大命降下していた。西園寺は理想的なリベラリストとでもいうべき人物で、この頃は軍の圧力があっても議会の多数党から首相を推挙して、議会政治を守っていた。軍人たちにはそれが目障りでならなかったのだ。その西園寺も殺害するというのだから、この計画は天皇に公然と弓を引く意味も持っていたということになるだろう。

そして、西園寺を殺害した後、天皇に首班を上奏する役目を海軍の元帥である東郷平八郎《とうごうへいはちろう》に託するつもりでいた。その説得に橋本と長が当たることになり、計画の内容を事前にさりげなく東郷に伝えたというのである。その話は東郷の秘書の小笠原長生《おがさわらながなり》から、天皇周辺に伝わった。当然、天皇周辺はその反乱を警戒していた。

もう一点加えておけば、この事件は九月に起こった満州事変とも連動していて、満州事変から満州国建国までの道筋を容易にするために、軍人内閣を作り、内と外で日本の方向性を固めていくというプランの実践でもあった。

橋本らは関東軍の高級参謀である板垣征四郎などとも連携していた。無論こういう計画は、当事者や関係者の一部しか知らされておらず、メディア関係者が報道することなどもあり得なかった。いや、戦後になってもある時期までは詳細には知られていなかった。昭和史の最大の不祥事、闇の世界の不透明な軍事クーデターの実態だったのである。

クーデターはなぜ漏れたのか？

さて、この計画はクーデターに参加したメンバーの軍人たち、さらに天皇周辺から漏れたと書いた。その実態についてさらに明らかにしていきたい。

その源流は二冊の書に行き着く。一冊は本章で繰り返し引用している『橋本大佐の手記』であり、もう一冊も中野の書で、『満州事変と十月事件（昭和史の原点2）』である。この二冊はジャーナリズムの視点で書かれた書であり、アカデミズムの研究書というわけではない。中野は、戦後に関係者を丹念に取材し、隠されていた資料を発見した作家だが、この二書は一般読者にもわかりやすく書かれている。

これらの書と、私が中野から取材して得た知識と、さらに私自身が昭和五〇年代に橋本の門下生らから聞き書きした史実をもとに書いていきたい。

十月事件の軍中央への漏洩は、最初は、桜会のメンバーではないが計画に参加する予定だった一大尉が震え上がって周辺に相談し、そして参謀本部作戦課長の今村均の元に駆け込んだことはすでに書いた通りである。作戦課長は参謀本部の要の位置にあり、全軍の統率を担っていた。今村は総務部長の梅津美治郎《うめづよしじろう》に相談している。

今村のもとには、桜会の会員で、この計画に参加する予定の幕僚三人も密告という形で駆け込んでいる。中野書によれば、その三人とは参謀本部の幕僚たちで、中佐の根本博、少佐の影佐禎昭《かげささだあき》、藤塚止戈夫《ふじつかしかお》である。彼らは今村に、橋本らのクーデター計画が進行中で、近日中に決行される旨を伝えている。今村は大体の内容を摑んでいるので、そういう話と合致することを確認した。そしてすぐに具体的な対応をとるべく、誰を逮捕すればいいのかと三人に聞いている。つまり参加者の名を挙げろと迫ったわけだ。三人は桜会のメンバーでもあるから、すぐに名を挙げている。

十月事件の首謀者、参加者はこの段階で明確になっていたのだ。

この今村ルートで計画が漏れていくのを、Aとしておこう。次に漏れたルートをBとしておくが、こちらは東郷平八郎の秘書の小笠原ルートと言ってよかった。

このルートは、中野が、戦後になって内大臣であった木戸幸一らに確かめたもので、十月事件漏洩の知られざる裏側ルートであった。橋本、長らは西園寺を殺害した後の元老の役がいなくなるのを、海軍で軍神扱いされている東郷に頼んで、天皇の前に進み出て「首班は陸軍の荒木貞夫に定めるよう上奏させる」つもりであった。そういう話を内々に東郷に伝えたというのである。小笠原はそれを聞いて不審に思い、陸海軍や宮中に問い合わせた。当然であろう。しかしそれがまったくのでたらめであったとされて、東郷や木戸幸一などが警戒態勢に入っていった。

小笠原に計画を漏らしたのは、北一輝の直系の子分に当たる西田税だとされた。橋本が北に相談したことがあり、そこから西田に漏れて、さらに西田があちこちに言いふらしたという説が、Bルートの根拠とされている。

そしてもうひとつが、民間側の参加者である大川周明や愛国社の岩田愛之助のCルートである。愛国社の青年が昭和五年一一月に濱口首相襲撃事件を起こしている。このCルートは、のちの井上日召とそのグループ（血盟団）と繋がっていて、十月事件の折の具体的な役割は、新聞社などを襲い、事件に好意的な記事を書かせようと企図していた。このグループの動きは、血盟団グループのテロ（昭和七年二月、三月の前蔵相・井上準之助《いのうえじゅんのすけ》、三井財閥総帥である団琢磨《だんたくま》へのテロ）の裁判記録での被告や参考人らの証言によって裏付けられる。

井上日召は上申書などで、十月事件が失敗したのは橋本欣五郎と西田税の感情的なもつれからで、自分たちの役割について次のような証言をしている。

「吾々は西田氏を通じて専ら橋本氏と交渉を進めて居り其の結果民間側並に海軍は兵力を持たないから遊撃隊として支配階級巨頭の暗殺を担当する事となって当時京都に避暑中であった西園寺公には既に手配までしたのであったが陸軍側の態度に疑念を抱いた私が独断で其手配を解いた」（『血盟団事件上申書・獄中手記』）

さらに血盟団グループの一人でテロには加わっていない大学生は、事件の内容について軍人たちと議論をしているうちに、基本的に特権階級に対して認識が甘いことに気がつき、この事件計画の本質がわかったと法廷では答えている。次のような一節がその上申書に書かれているのである。

「之に依って彼等が単なる権勢欲のためにクーデターを行わんとするもので何等革命に対する認識のない事を暴露したものである」（前掲書）

血盟団の「一人一殺」は、軍人たちとは別の怖さを持っていたのである。Cルートの人士たちは十月事件の挫折で、軍人たちは本格的にテロやクーデターを行うつもりはなく、単なる権力闘争に利用しているにすぎないと絶望感に陥っていく。それが前述のように昭和七年初頭の血盟団のテロにと進んでいったのだ。Cルートのなかでは、事件の挫折は軍人、特に中堅から上位にいて出世に強い欲望を持つ者は同志ではないとの了解が出来上がっていった。

右翼系活動家に怯えていた軍人たち

ここでは、改めてAとBのグループによるクーデター失敗の影響がどのようなものであったかを、よく見ておかなければならないであろう。これらのグループが日本の政治、軍事を極めて歪める勢力だったことになるし、Cグループはその補完役だったとの構図が鮮明になってくるからである。Aグループは現役の将校、Bグループは軍内の青年将校に影響力を持つ民間右翼、そしてCグループは国家改造運動の有力者であり、これらのグループが秘密結社のような結びつきによって、日本を極端な暴力礼賛国家に仕立て上げようとしたのではないか。

昭和前期の暴力は、ある一団が構成され、その暴力が日本ファシズムを形成していくことになったと言えるし、それが最大の教訓たり得ているように思う。この教訓をいま一度確認すべきだと私は主張したいのである。

Aルートの三人は、今村の「逮捕すべきなのは誰なのか」という問いに次々と名を挙げた。自分たちも逮捕されないと密告したことが分かってしまうので、必ず逮捕してほしいと懇願しつつ、名を挙げていった。

この部分は前述の中野書から引用しておきたい。中野はこの時の軍内の記録を見て確認したようであった。

「主謀者は橋本欣五郎中佐・和知鷹二《わちたかじ》少佐・長勇少佐・馬奈木敬信《まなきたかのぶ》少佐・佐藤幸徳《さとうこうとく》少佐・野田謙伍《のだけんご》少佐・小原重孝大尉・田中弥《たなかわたる》大尉・近衛第二連隊の野田又男《のだまたお》中尉の九人ですが、わたしたち三人も検挙してもらわんと、裏切ったことが露見し、身が危険です」(『満州事件と十月事件［昭和史の原点2］』)

三人に共通しているのは、暴力に恐怖するがゆえの保身だろう。私が、ある軍人に昭和初期の国家改造運動とテロの関係を質しているとき、仲間の軍人がいかに右翼系の活動家の暴力に怯えていたかを語ったことがある。私たちの知らない部分で、軍人がこうした恐怖を引きずっていることを知らされた。

今村は南次郎《みなみじろう》陸軍大臣の応接室に陸軍省の部課長を集めて、この計画の内容と首謀者を明かし、いかに対応するかを協議した。この席には課長を務めている永田鉄山も加わっていたし、つい半年ほど前の三月事件に加わる予定だった者もいた。なんのことはない、仲間内のかばいあいという構図でもあった。

結論は首謀者たちの一斉検挙であった。しかし説得をもって行動に移すのをやめさせることも話し合われていた。説得、そして服従しなければ逮捕、という方向での対応が決まった。

一方、南と金谷範三《かなやはんぞう》参謀総長の間でも、話し合いが持たれている。満州事変の拡大か不拡大かをめぐって、不拡大の天皇の意思を十分に生かすことができなかったこの首脳は、頼りなく不安な指導者であった。その席には、教育総監部本部長の荒木貞夫も呼ばれた。荒木は自分が総理大臣に擬せられていることを知らない。具体的に聞いたことがなかったからだ。しかし海軍から、あなたが総理大臣になるとの動きはどういうことなのか、と尋ねられてやっと不穏な動きを理解した。

しかし、荒木にはそのつもりはない。荒木にとっても迷惑だったのである。南と金谷の頼みを受け入れ、まず大臣室で陸軍省軍務局長の小磯や部課長たちと懇談している。逮捕という方向が決まりつつあると聞かされた荒木は、「説得でいいのではないか」と勇み立つ今村や永田を制していた。曖昧な解決は将来に禍根を残すという今村の論は確かに正解であった。しかし実際にはまだ彼らは行動を起こしていない。逮捕より説得、といった議論が、二、三時間続いたという。はっきりとした結論が出ない。

この時、実は陸軍大臣室に荒木が来ているという情報が、参謀本部にいる橋本に入ってきた。決起の側の橋本にも、陸軍省の部課長ルートで情報が入っていたのだ。決起する側と抑圧する側。そして説得で解決を図ろうとする側。洞《ほら》ヶ峠を決め込む者たち。駆け引きが続いていた。橋本は陸軍省に赴き、密かに荒木を玄関まで呼び出して脅かしの口調で伝えている。

「一朝事変の際、荒木を総理大臣たらしめ宮中参内せしむる予定」と伝えたというのである（『橋本大佐の手記』）。戦後、中野は、荒木にこの時の模様を確かめている。橋本から、「閣下、起って下さい」と言われたと証言し、拒む形になると、「橋本は憤然とし、『変なことをすると閣下と雖《いえど》も容赦はせんぞ』と軍刀で床をついて出ていった」（前掲書）というのだ。

橋本が、計画があちこちから漏れているのを薄々感じながら、荒木に面会を求めて脅したのは、この頃の陸軍内部の中枢部門にさえ、混乱どころか平気でクーデターだ、テロだ、と物騒な会話を交わす空気があったということにもなるだろう。こういう空気はやがて軍事主導体制への伏線になるが、軍事暴力による威圧が社会を覆い、それを民間右翼などが補完するという形が出来上がっていったのである。

クーデターの首謀者に対する甘すぎる対応

陸軍大臣の官邸の会議で、この計画の全貌を密告によって確認した参謀本部作戦課長の今村均、陸軍省の軍務課長である永田鉄山は、満州事変中ゆえに戦時と解釈し、強硬に検挙、即時処刑の含みを主張した。これに対して橋本と会って、また会議に戻った荒木やそれに従う幕僚は、処分反対を譲らないという構図を繰り返した。

重要なのは、ほぼ半年前の三月事件に加担していた首脳陣がそのまま現職にとどまっていたことだ。陸軍次官の杉山、軍務局長の小磯などは表立って処分を主張できない。橋本はそういう事情を見抜いていた。十月事件には、軍人だけでなく民間右翼の有力者も控えていると言わんばかりに検挙を主張する側に威圧をかけた。後述するが、民間右翼の側（特に血盟団の井上日召など）は軍内のこうした動きも摑んでおり、軍人が本格的にクーデターを決行するのかを見守っていた。

結局、検挙派と処分反対派との間に妥協が成り、この事件を計画した一二人の桜会の幕僚（一〇人は参謀本部所属）を逮捕して、憲兵隊に監禁という処置を取ることになった。これまで何度も紹介してきた『橋本大佐の手記』では、監禁といっても「暇つぶしに習字をなす」という具合だから、気楽なものだったのだ。そして橋本は、次のように書き残している。

「此幽閉間しばしば参謀本部より人を派し計画の中止すべきを慫慂せしも頑《がん》として承服せず、遂に（幽閉）十四日目橋本〔虎之助〕第二部長来り計画中止を乞う。橋本少将は予が大学卒業後、参謀本部露班附となりし際の班長にして親切者にして、其後に於ても予の事に関し随分面倒を見たる人にして予としては情に於て反抗的態度に出《い》ずるを得ざる陸軍中の一人者なり。遂に予は計画を中止すべきを言明す」

なんのことはない。監禁されているといってもこういう甘い状態だったのだ。首謀者はご機嫌を取られながら説得されていたのである。こうして十月事件はあっさりと闇に葬られ、決行予定のメンバーはいかなる罪にも問われずに、新たな人事の発令で各地に散っていったのだ。この事件について、「なかったことにする」という暗黙の了解が軍内部では共有されていた。闇から闇へとすべてが伏せられて消えていった。

戦後になるが、日本軍のエリート軍人として、東京裁判などで軍の横暴を告発する側に回った田中隆吉《たなかりゅうきち》（桜会の会員ではない。事件当時は上海で日本公使館武官）は、その著『日本軍閥暗闘史』の中でこの事件に触れて、事件の計画は陸軍の最高司令部に衝撃を与えた、と書き、「その理由は、計画の内容に盛られた徹底した残忍性と全関係者に漲《みなぎ》っていた下剋上的気風のためである。捕えられた首脳者らは代々木の刑務所に投ぜられることなく、東京近在の旅館または料亭に収容され、最大限の優遇を受けた」とその内幕を明かしている。まさに英雄扱いである。

こういう甘さが、昭和初期のテロやクーデター計画の背景にはあったのだ。のちの二・二六事件に参加する青年将校が、自らを英雄視する心理に陥るのも当然と言えるだろう。彼らが老いた指導者を情け容赦もなく無慈悲に惨殺する心理には、この顚末《てんまつ》が大きく影響しているといえるように思う。

井上日召の「暗殺哲学」

十月事件のこうした挫折ぶりに激しい怒りを示したのは、民間右翼の側であった。その内幕を改めて整理しておく必要がある。

血盟団グループの主宰者ともいうべき立場の井上日召は、自らの仲間を率いて十月事件に参加する予定になっていた。遊撃隊を組織して暗殺を実行する手筈になっていたというのだ。血盟団事件（昭和七年二、三月）の後に、井上も逮捕されるが、獄中で手記を書いている。その「獄中手記」には、次のようにあった。

「この事件の時に私達遊撃隊が引受けた役割は特権階級、財閥、政党中の数名及び其の他君側の大官、元老等々の暗殺であった」

遊撃隊とはいうものの、要は暗殺部隊であると認めている。とにかく井上もその仲間も天皇親政国家、あるいは日本主義国家を作るために捨て石になる覚悟を持っていたというのだ。井上がなぜ十月事件に加わるようになったかは、獄中手記では明かされていない。ただし愛国社の岩田愛之助、あるいは大川周明などの線なのかもしれない。

ただ遊撃隊には海軍の仲間もいたかのように書いているので、海軍のロンドン軍縮条約に反対する青年士官なども密かに加わることになっていたのかもしれない。しかし事件は陸軍上層部の知るところとなり、つまりは有耶無耶《うやむや》になってしまったと井上は書く。

その後も井上のもとには陸軍のクーデター派から、密かに連絡があったらしい。同志として接触してきているのだが、自分たちを巧みに利用するだけではないか、その心中は自分たちが過激に過ぎると敬遠しているのではないか、そう疑いたくなる言動が多くなったと井上は言うのだ。

中堅幕僚の意図は、実際は「飽く迄も成功者となって新社会の重要なる椅子に就かんとする先方の態度心情に対し私の同志達は極端に之れを憎悪し非難する様になって来たのである」と受け止めたくなる振る舞いであったというのだ。

もっと平たくいってしまえば、我々の愛国の情をバカにするのかと、鬱積した感情が常に湧き起こるようになったということであろう。それでも井上の筆によるならば、十月事件の後にもう一度一二月には第三次クーデター（第一次が三月事件、第二次が十月事件）が計画されていて、自分たちはこれに参加するつもりでいたが、これも動きが表面化することはなかったと書いている。

都内の井上のもとに出入りするのは、門弟の茨城の農村青年、教員などのほかに海軍の国家改造運動に身を投じている者（このグループがのちの五・一五事件に参加している）などだった。こうした者たちとの話し合い、あるいは打ち合わせでは、次第に「暗殺をもって国家を変えるという点で皆の気持ちが一致するようになった」と書き残している。このグループの暗殺哲学が、ごく自然に共有されることになったともいう。それゆえに世間の批判などは少しも痛くはないと井上は書いている。

では彼らの暗殺哲学とはどういうものなのか。

日本の歴史を俯瞰すると、天皇は国民を虐《しいた》げるのではなく、「天皇に最も親近せる上層階級の者」の横暴にこそ怒る。現在の日本は日本建国の大精神と西洋思想の資本主義との食い違いから起きたのであり、上層階級の反日本の理論を正さなければならない。そのための非合法的活動としては、暗殺こそが有効だと結論づける。

その理由として、二点挙げるのだが、その一点は「此の方法は成敗共に極めて少数の犠牲で済む最も適切な手段」であり、もう一点は「死を彼ら上層階級は恐れている」というのである。

そのために井上らは軍のクーデター計画に協力しながら、自分たちの信じる暗殺哲学を実践するというのである。

この哲学に沿って、血盟団グループがテロの実践に入ることを決めるのは昭和七年一月九日のことである。民間側の組織立ったテロの始まりであった。

血盟団と海軍の「テロの打ち合わせ」

血盟団事件の公判記録については、『血盟団事件公判速記録』全三巻が昭和四〇年代の半ばに刊行されている。公判時のやり取りだけでなく、獄中記を含めて膨大な資料が整理されているので、いま私たちはこの記録を読みながら、事件の全体像を摑むことが可能である。それをもとに蔵相・井上準之助や三井財閥総帥の団琢磨暗殺について触れていくことにするが、井上日召などの法廷での記録を読んでいくと意外な事実がいくつも明らかになってくる。

私は、昭和初期のテロやクーデターの成り行きが、ある意思を持った流れを作っていたとの見方を元に記述しているのだが、血盟団の一つの結節点は前述のように一月九日（昭和七年）にあることがわかってくる。この会合は海軍の軍人が言い出したらしい。井上の法廷でのやり取りをまとめる形で、藤井五一郎《ふじいごいちろう》裁判長は、この日に集まったメンバーを次のように述べている。

「被告の是までに述べた所に依ると、被告と、まあ民間側、古内、四元、池袋、久木田、それに中学の先生々々と云う小平田仁平衛、そう云う者、海軍側としては、古賀清志、中村義雄、是は霞ヶ浦の航空隊、それから横須賀に居る大庭春雄、それから矢張り伊東亀城、斯う云う人達がまあ集った（略）」

つまり血盟団のグループと海軍のグループが会合を開き、テロの打ち合わせをしたということを裁判長は指摘しているのである。すでに血盟団グループは「一人一殺」のテロで、誰がどの人物を狙うかを決めているのだが、海軍側もどのようにそのテロへ参加するかを話し合ったと、井上の証言はより具体的になっていく。付け加えれば五・一五事件はこの時の海軍グループが中心になって進んだことになる。血盟団グループが暗殺の対象にしていたのは、この時は、団琢磨、井上準之助を含めて二〇人に及んだ。名前を挙げる。

犬養毅、鈴木喜三郎《すずききさぶろう》、床次竹二郎《とこなみたけじろう》、若槻礼次郎《わかつきれいじろう》、井上準之助、幣原喜重郎《しではらきじゅうろう》、団琢磨、池《いけ》田成彬《だしげあき》、郷誠之助《ごうせいのすけ》、三井八郎右衛門《みついはちろうえもん》、木村久寿弥太《きむらくすやた》、各務鎌吉《かがみけんきち》、岩崎小弥太《いわさきこやた》、大倉喜七郎《おおくらきしちろう》、住友吉左衛門《すみともきちざえもん》、西園寺公望、牧野伸顕、徳川家達《とくがわいえさと》、伊東巳代治《いとうみよじ》……。

血盟団グループには、二つの流れがあった。ひとつは井上日召を師として仰ぐ茨城県の農村青年たちである。そしてもうひとつは、農本主義者の権藤成卿に師事し、代々木の権藤の空き家と呼ばれる一軒家に住んでいたり、ここに集まる学徒グループともいうべき存在である。ここには東京帝大や京都帝大などの学生も集まっていて、井上が時に顔を出す折に人生論や政治論などを交わし、その「一人一殺」思想に共鳴して、要人暗殺に参加する意思を持つ者たちであった。

彼らも血盟団グループのテロの折には逮捕されていたが、その法廷記録や上申書を読むといかに直接行動に出ることを渇望していたかがわかる。結局、血盟団グループは、「事件捜査経過報告書」「予審請求書」などでそれぞれの罪禍の枠組みが決まり、中里龍《なかざとしげみ》予審判事の元で「血盟団事件予審終結決定書」がまとめられるのだが、この決定書では一四人が殺人罪で裁判にかけられることが決定したとある。いわば学徒グループは、どういう形でテロを肯定し、それをもってどのような国家像を描こうとしていたのかを具体的に見ていこう。

「一人一殺」に魅せられた青年

一四人の中で主犯格は、井上日召になるのだが、彼は四八歳である。ついで年齢では、小学校教員の古内栄司《ふるうちえいじ》で三三歳、残りはいずれも二〇代であった。しかも一四人のうち八人が大学生であった。

東京帝大在学中に日本主義思想の奥義を極めようとした池袋正釟郎《いけぶくろしょうはちろう》は、国家改造運動に入ったためか、中退という形になったようで、裁判では無職とされている。本稿では東京帝大生として扱うことにするが、『血盟団事件上申書・獄中手記』に収められている公判陳述要旨によれば、この時代の知性が社会への怒りを持った時にどのような形の直接行動を目指すのかが、明らかになっている。公判陳述を読むと藤井五一郎裁判長とのやりとりの

血盟団事件の関係者たち（提供：朝日新聞社）

中でどのような考えを述べているかがわかってくる。なぜ一人一殺を目指すのか、つまりテロリズムがいかなる形で許容されると考えるのかが、窺えるのだ。

言うまでもなく血盟団事件として、歴史の年表に刻まれているのは小沼正《おぬましょう》による井上準之助暗殺、菱沼五郎《ひしぬまごろう》による団琢磨暗殺だけであり、学徒グループは直接行動には出ていない。にもかかわらず逮捕、起訴されて、法廷で徹底的にその経歴、その思想、さらには出自の環境などがあますところなく明かされている。それがこうした公判陳述などに整理されている。そこで池袋の青年期の思想遍歴を通して、どうして直接行動が是認されることになったのかを見ていきたいと思うのだ。

池袋は、東京帝大で上杉慎吉《うえすぎしんきち》の日本主義に触れたものの、上杉の死により、煩悶を続けた後、陽明学者・安岡正篤《やすおかまさひろ》の思想に触れ、安岡の私塾である金鶏《きんけい》学院で学んだという。日本の歴史を通じて国体に触れることで、日本の本来のあり方がわかってきたとも証言している。

しかし昭和五年一一月頃に井上日召と知り合い、井上から強く示唆を受けたというのである。公判陳述要旨には以下のように書かれている。

「今迄の観念論は粉微塵に打砕かれ、自己陶酔の夢を破られました。而して井上さんは我々の進むべき道をはっきり指示されました。それは簡単に云えば、建設より先ず破壊だ。破壊に用ゆるものは陸海軍の武力だ」(『上申書』)

破壊の後に建設が機を逃さずにすぐに行われるとの指摘に池袋は驚いた。これまでの考えには、自分の甘さが出ていた。こういう考えを持つ者が軍内にも大きな勢力を持っていることを聞かされて、池袋は勇気百倍になったとも証言している。その上で破壊のための捨て石になるものは命を惜しいと思ったり、日常の些事に振り回されずに過ごさなければならないと感じる。

世を救う思想は国家社会主義ではなく、農村共同体に根を下ろした「農本的自治制度でなければならぬ」(前掲書)との結論に達したというのであった。昭和のこの頃の政治状況は農村を犠牲にすることで、新たな権力構造が出来上がっているのだから、まずはこれを破壊することだと、池袋は考えたわけである。

池袋は法廷では神武天皇から始まる日本史を滔々《とうとう》とまくしたてている。その上で近代史の天皇の位置付けなどにも触れ、昭和に入っての十月事件を見て、自らの権力拡大だけを狙っている陸軍軍人の姿勢に疑問を持ち、結局は、「先ず我々民間同志と海軍側同志とだけで必敗を期し事をあげ革命の火蓋を切り革命の捨石になって死んで行こうか」（前掲書）と覚悟することになったというのだ。

井上は最初に破壊をやる、命の要らんものはついてこいと言っていて、その言には嘘偽りはなかったというのである。

池袋は、世間では我々のグループを血盟団と言っているけれど、それは我々が名乗ったわけではないと証言した上で、とはいえ「団結は非常に固くお互に親兄弟を捨て国家の為に一緒に死のうと決心している同志の間ですから其の交情は肉親よりも親密で何とも云えぬいいところがありました」（前掲書）とも言っている。理論や思想で集まったのではない、実行だけで結びついていた仲間だというのであった。

池袋は、元老の西園寺公望の暗殺を担当することになり、西園寺の住む静岡県の興津にある坐漁荘周辺を探索して、決行の機会を狙っていたと主任検事の論告では糾弾されている。

「テロの玉突き」という真相

あえてもう一人、学徒グループの上申書や公判記録を紹介するが、若槻礼次郎を狙撃の対象としていた田中邦雄《たなかくにお》の証言を確かめてみよう。田中は東京帝大法学部の学生であった。

田中が法廷に提出した上申書は精密な目次があり、自らの生い立ちと昭和に入っての日本社会の変化、さらには事件の内実、そして獄に入ってからの心境などを整理して、この事件についての詳細を語っている。論理立って思考を深めるタイプなのだろうが、自らの性格分析なども極めて具体的に記述している。例えば昭和初期のこの時代の社会情勢を述べるにも、独特の表現で語っている。

「〔当時の社会情勢を見るに〕(a)、政治上、(b)、社会上、(c)、外交上の諸問題、(d)、財政、経済上の諸問題に分けます。

之を(1)、元老、華族制度の非合理性　(2)、中間勢力（政党、財閥、特権階級）の跋扈《ばっこ》、(3)、政党の弊害に分けて述べます。

我国には維新以来、出来上りました変態的存在が二つあります。一は元老でありまして、一は華族であります」（『上申書』）

田中は、元老制度は意味がないと指摘している。さらに田中のような日本主義を渇望する者は、この時代の社会風俗が許されない状況だということにもなる。次のように書いている。

「アメリカニズムの浸潤、ジャーナリズムの跋扈は人類を世紀末的生活へと追いやり、ジャズだとかエロとかグロの流行は滔々として底止する所を知らざる有様となりまして、重厚淳朴の風は遂に跡を絶たんとして居ます」（前掲書）

この怒りはこの時代の日本主義者に共通である。血盟団グループの学徒たちはこの怒りが他の学生よりもはるかに大きいということになるのであろう。

田中は、井上から十月事件の計画が進んでいる時に、ある依頼をされている。事件に参加してくれるかと言われたのだ。

田中は承諾したのだが、その時は西園寺公望暗殺のことを聞かされたというのであった。その時に井上が想定していた暗殺の対象は、西園寺と牧野伸顕、一木喜徳郎《いちききとくろう》、鈴木貫太郎《すずきかんたろう》だったというのだ。この事件には、田中の証言によるなら北一輝や西田税なども加わる予定になっていたようだ。

結局、十月事件は中止になったのだが、この体験を通して田中は三点のことに気がついたというのだ。「所謂《いわゆる》右翼陰謀家に近づく事」でわかったことになるというのだが、三点のうちの二番目に「健全そうに見える我国の機構も中央集権の結果、急所を衝けば、案外もろく倒す事が出来る」との感想である。一学徒としては、陸軍の軍人たちの傲慢極まりないクーデター計画を見て、テロによっても昭和維新ができるとの実感を持ったのであろう。田中の上申書が最もわかりやすいのだが、この十月事件の挫折の後に井上日召のグループは、軍人は当てにならない、我々だけでテロによって昭和維新を断行しようということになった。

そして昭和七年一月三一日、井上と五人の配下の者が集まって最終的な確認（一人一殺）をしたことになる。五人とは、古内栄司、池袋、田中、須田太郎《すだたろう》（國學院大）、久木田祐弘《くきだすけひろ》（東京帝大）であった。そこで暗殺計画が最終的に決定した。つまり血盟団事件の骨格はこの時に決定した項目通りに行われる予定だったのである。

この時の決定をわかりやすく嚙み砕いて整理してみよう。二つの特徴が窺える。

ひとつは、昭和六年の三月事件は陸軍の中枢の責任者も加わるクーデターであった。陸軍大臣の宇垣一成の心変わりで失敗した。そして十月事件。密告者が出て失敗した。それを見て、民間右翼は、軍人は信用できないと単独でテロを引き継いだと言えるのではないだろうか。まさにテロの玉突きである。

もうひとつは、テロの対象が広がっていき、計画上では、暗殺される者が増えていったことだ。要人二〇人を一思いで殺害するなどの案は、まさに歯止めを失っている社会に成り下がった、と言ってもよいであろう。

さて六人の最終会議で決まったことには、「一人一殺」「海軍の軍人は参加させない」「本日不在のものには井上その他より伝える」「各人の対象は固く秘密を守る」「事前調査を行い、時に共有する」「決行可能の時には井上の元に拳銃を取りにくる」などがある。

田中は若槻礼次郎を対象にして、その機会を狙っていた。二月七日頃、若槻が東北方面に遊説に出ると知り、宇都宮で暗殺を考え、同日井上日召からブローニング小型三号拳銃一挺、実弾五〇発を受け取り、密かに試射を行って、若槻の日程に合わせて待機していた。

ところが小沼により井上準之助が暗殺されて、若槻は急遽、葬儀委員長になり、東北地方への遊説を中止した。そのため田中は井上準之助の葬儀会場を窺いに行っている。警戒は厳重で実行行為に出ることはできなかった。結局、暗殺の機会がないまま、田中は逮捕された。

第二章　昭和ファシズムの形成

——五・一五事件が歴史を変えた

血盟団事件の「わずか二ヵ月後」の事件

血盟団事件は、昭和七（一九三二）年二月九日の小沼正による井上準之助前蔵相の暗殺、三月五日の菱沼五郎による団琢磨（三井財閥総帥）の暗殺の二件であり、司直の手が入り、テロ行為はひとまず止んだ。いわゆる血盟団と評されたテロ団体に所属する一四人は逮捕され、裁判にかけられることになった。この裁判の判決言い渡しは、昭和九（一九三四）年一一月二二日であったが、裁判が続いている折に、もう一つ別のテロというべきか、クーデターの一環というべきか、新たな事件が起ころうとしていた。

その事件こそ、五・一五事件であった。この事件は日本近代史を大きく変えるのだが、血盟団事件のわずか二ヵ月余後のことであり、その関連性も大いに論じられた。血盟団事件は第一幕であり、五・一五事件は第二幕であるというのである。実際に血盟団裁判では、そのような見方で論理を組み立てている歴史学者も存在するのであった。

裁判では検事団のなかには、この二つは同種の団体による同じ志を持つテロであるとの見方を示す者もあった。実際にもう九〇年も前のこの事件を見ていくと、後述するように検事団の見方は決して誤りではないとも言えるように思う。前章でも見てきたが、昭和六（一九三一）年から一一（一九三六）年の二・二六事件までの一連のテロ、あるいはクーデター未遂の内容を吟味すると、決行者の一団はほとんどが顔見知りであったり、いわば同志としての契りを結んでいたりすることがわかってくるのだ。昭和初期には日本社会に一群のテロ団体が存在したと言うこともできる。

そこでまず五・一五事件とはどんな事件だったのか、それを明らかにしておきたい。

犬養毅は「話せばわかる」とは言っていなかった

昭和七年五月一五日の夕方、海軍の青年士官と陸軍士官学校の生徒の一団が首相官邸を襲った。この日は日曜日であった。犬養毅首相は、官邸にいて体を休めていた。そこにテロリストの一団が侵入したのである。海軍士官たちは護衛の警官などにピストルを突きつけて、犬養の部屋の場所を尋ねる。しかし警官たちも簡単には明かさない。

官邸の中は怒声やら悲鳴やらで混乱を極めていくわけだが、このあたりの混乱ぶりはその後の法廷などでも明らかにされている。そうした資料とは別に、作家の中野雅夫は戦後に決行者たちに話を聞き、それを基に『五・一五事件　消された真実（昭和史の原点3）』を著しているが、それによると襲撃時の様子は以下のようであった。

「台所の板のドアが半分あいている。

三上〔卓、海軍軍人〕が板戸をあけてなかにはいると、内閣総理大臣・犬養毅が立っていた。

犬養毅

犬養首相は、皿小鉢のおかれたテーブルに両手をついていた。かたわらに年配の女中と、黒服の男が呆然と立っている。犬養首相は、ネズミ色のセルの着物を着流し、頬骨のでたやせこけた顔に、白いヒゲをたらしている。（略）

三上は二メートルの距離で、右腕をまっすぐのばし、銃口を犬養首相の頭にむけた。」

この証言は、三上の側からの証言だったと中野は認めていた。三上はピストルの引き金を引く。しかし不発であった。このピストルはブローニングの五連発だが、送弾装置が故障していたために、一発ごとに弾丸を込め直さなければならなかったというのだ。三上はならば短刀でと思ったが、それだと死までに苦しむと考え直して、またピストルでと思い、弾丸を入れ直そうとしたという。

このようなテロリストの心情は、決行時の様子を詳細に覚えている者と興奮のために全く覚えていない者とに分かれるらしい。三上の証言は具体的であり、よく覚えていたようだともいうのである。

「まあ待て、話をすればわかるだろう。撃たんでもええ……」

と犬養は言い、部屋を替えようと言った。三上は頷《うなづ》き、犬養は日ごろ使っている一五畳の和式の部屋へ向かった。この時には官邸を襲った海軍軍人の四、五人、それに陸軍士官学校の生徒数人もついてきた。つまり官邸襲撃班が犬養を取り囲むような形になったのだ。犬養は、「靴ぐらいぬいだらどうか」と勧めた。三上は、「われわれが何のために来たか、知っているだろう。(中略)いいたいことがあれば一言半句は聞く」と詰め寄っている。

犬養はたばこを取り出して、ゆっくりと火をつけた。それは七六歳の老人の計算でもあったであろう。まだ二〇代か三〇歳前後の軍人など、犬養には十分に説得する気構えがあったとも言えるように思う。昭和五二(一九七七)年のことになるが、私は、中野雅夫から、あるいは五・一五事件に参加しなかったものの彼らと同志の関係にあった海軍軍人から、詳細に取材したことがある。そこでわかったことは、「話せばわかる」という言葉を犬養は口にしていないということであった。

しかし、それよりもっと重要な言葉を口にしていたようなのだ。

そのためにはもう少し襲撃時の様子を確認しなければいけない。

犬養の「最期の言葉」に込められた意味

犬養の落ち着いた態度を見て、襲撃班は戸惑ったらしい。というのは海軍の軍人たちには、犬養は政治家として明治期から政争をくぐり抜けてきた人物であり、いわば「タヌキ」と聞かされていたからだ。もし犬養に口を開かせたら、襲撃班のような若者はたちまちのうちに説得されてしまうだろうと彼らも考えていた。実際に三上の放った第一弾が不発だったために、事態はそのようなペースで進んでいったのだ。それなのになぜ犬養を撃ったのか。

犬養の先導で、一五畳の日本間には襲撃班の海軍士官、陸軍士官学校の生徒などが入ったのだが、犬養がたばこに火をつけた時に、海軍中尉の山岸宏《やまぎしひろし》が、「問答無用。撃て、撃て」と叫んだ。山岸には犬養に説得されると、自分たちの行動は意味を成さなくなるとの焦りがあったのであろう。しかしその言葉があっても、日本間にいた者は、すぐにピストルを撃っていない。ためらいがあったのではなかったか。

犬養に向けてピストルの引き金を引いたのは、海軍の予備少尉の黒岩勇《くろいわいさむ》であった。黒岩は犬養の家族を別の部屋に移していて、日本間に入ってくるのが少し遅れてしまった。それで山岸の声に促されて、犬養へ向けて引き金を引いた。三上もそれに続いたのであった。犬養はテーブルに両手をつき、身を崩した。襲撃犯たちは日本間から玄関に戻り、官邸から消えた。あるグループは憲兵隊に、またあるグループは警視庁に回り、撃ち合いの覚悟であった。しかし警視庁は日曜日の勤務であるためか、どこか緊張を欠いていた。

犬養はしばらく苦悶の表情であった。それでも、次のような言葉を吐いている。

「いま撃った男たちをつれてこい。よく話して聞かせるから」

それが最期の言葉であった。結局、犬養は、二発の弾丸によってその命を奪われることになった。頭蓋骨に食い込んだ弾丸が致命傷であった。犬養にとっては無念の死であった。

この事件が昭和の歴史を根本から書き改めていくことになる。それにしても犬養の最期の言葉「よく話して聞かせる」とはどういう意味になるのだろうか。あえて言うのだが、これは重大な意味を持つ。

時代状況のなかでこの言について考えれば、

1　このようなテロで問題は解決するのか。
2　君らは今愚かな行為に走っている。馬鹿な真似はやめなさい。
3　大方、君らは誰かの言に踊らされているのだろう。気をつけなさい。
4　満州事変の拡大をなぜ抑えなければならないか、聞かせてやろう。

というような意味がすぐに浮かんでくる。それぞれ理由を挙げて、犬養の言を理解することが可能であるにせよ、私は3の意味を重視している。犬養もそのことを言いたかったのではないかと推測するのである。それを説明して、五・一五事件の本質を考えたいと思うのだ。

「歪曲されたデマ」が与えた影響

このころ犬養の元に、張学良《ちょうがくりょう》から一通の書簡が届いている。いまや中国の東北軍閥の張学良は、父・張作霖の暗殺が関東軍の仕業であることを知っているし、満州事変も関東軍による謀略まがいの事件であり、日本の軍事行動に嫌悪感を示し、強い不信感を持っていた。張学良は満州地方に青天白日旗を掲げ、蔣介石《しょうかいせき》の国民党への忠誠を明らかにしていた。関東軍の軍人や「支那通」と自称する日本の軍人には怒りを隠さない。張学良の書簡は切実な内容であった。

この書簡の内容は、当時はほとんど知られていなかったのだが、犬養家の人たちなどへの取材で明らかになっていった。

張学良は、犬養が辛亥革命に協力し、孫文《そんぶん》とも親しい関係にあったことなどをよく知っているし、満州事変以降の関東軍の軍事侵略に歯止めをかける政治家と見ていた節もあった。書簡の内容は、「関東軍が東北地方を侵略していく時に、中国の美術品や古典の書籍などを強奪同然に持っていっている。これは中国の芸術や文物に対する強盗行為であり、できるだけ速やかに返却してほしい。一部は勝手に買い取っていったようであり、その場合は買い戻すつもりなので、あなたは首相として私の望みを実現してほしい」との内容であった。

その手紙のなかに、手付のつもりか、ドル紙幣が入っていたとも言われている。

犬養は、日本軍がそのような不法行為を働いていることに怒りを示した。軍にも注意を促そうとしていた。しかし犬養のもとに、張学良から現金が送られてきて、買収されかかっているという噂が意図的に撒かれた。犬養内閣のなかの親軍的な人物から意図的に、歪曲されたこの種のデマが流された節もあった。

犬養に対する公然とした侮辱であった。

五・一五事件をはじめとする国家改造運動の陸海軍将校や民間右翼の行動グループには、かなり意図的にこの噂が伝えられた。そういう将校や士官が犬養に対して怒ったのは、こういう噂のゆえであった。首相官邸で犬養を殺害するプロセスを精緻に検証すると、決行者のなかに見えてくる、いかなる理由があろうとも犬養を殺害するとの強固な意志は、こうした曲解のゆえではなかったかとも思えてくるのである。

テロの怖さは、こうしたフェイクニュースによって起こることでもあるのではないか。

五・一五事件で襲撃された首相官邸前（提供：朝日新聞社）

昭和テロリズムと「動機至純論」

五・一五事件は、首相官邸を襲う他に、警視庁、日本銀行、政友会本部などに手榴弾を投げ込むという行動を起こしている。別の一団は、内大臣の牧野伸顕を大臣官邸で襲ってもいる。そしてこの日の夜には、茨城県の農民団体「愛郷塾《あいきょうじゅく》」の決死隊が東京郊外の変電所などを襲って、「帝都暗黒」を企図した。しかし失敗している。

さて、この事件に加わっているテロリストや決行者は、血盟団とどういう関係にあったのか、そのことを改めて整理しておく必要がある。そのことで二つの事件の背景から浮かび上がってくるものを見ていくと、昭和初期のテロリズムの真の怖さをいくつも指摘できるのである。

五・一五事件はテロ事件と言えるのだが、しかし裁判を通じて事件が正当化され、やがて義挙のように変質していった。そのプロセスを仔細に見ていくと、決行者たちとそれを正当化する世論のなかに、次のような理解があったことがわかってくる。

1　将来のある青年が、自らの前途よりも、国のあるべき姿を求めて決起したこと。
2　日本の議会政治や社会の動きに、西欧資本主義的弱肉強食の構図が見えることへの不満。
3　満州事変など日本の軍事政策をめぐって、国論が一致していないことへの苛立ち。

これが昭和テロリズムの怖さということにもなるのであろうが、テロによって昭和維新を断行することは、明治維新が下級武士による暴力革命であったように、昭和もまたそうあるべきだとの強い共鳴の意識が決行者にも、国民にも分かち持たれていたと言える。

決行の中心人物である海軍軍人・三上卓の書いた檄文「日本国民に激す」のなかには、公然と直接行動が賛美されている。「武器を執って立て！　今や邦家救済の道は唯一つ『直接行動』以外何物もない」とある。その上で、「国民の敵たる既成政党と財閥を殺せ！　横暴極まる官憲を膺懲《ようちょう》せよ！　奸賊、特権階級を抹殺せよ！　農民よ、労働者よ、全国民よ……祖国日本を守れ」と訴える。

この檄文は無論、右派の国家改造運動のアピールではあるのだが、その半面、左派的なニュアンスがこもっていることも窺える。つまり権力に対する反体制の暴力にも通じる主張は、テロの公然たる呼びかけでもあった。そういう事件が義挙扱いされるところに、この時代の歪みと、異様な内向きの心理的閉塞感が漂っていたと言っていいであろう。その結果、どのような社会風潮が呼び寄せられたか。

先に挙げた三点を含み込んだ上で、日本社会は「動機が正しければ何をやっても許される」との倒錯した社会観、人生観が覆い尽くすことになった。

私はこれを、「動機至純論」という言い方をするのだが、これがやがて国策の中心に据えられ、この国は自らの進む道を狭めていき、やがて崩壊に至るのである。

こうしたことを踏まえて改めて、五・一五事件の内実を見ていくことにしたい。

愛郷塾の存在と「西田税襲撃事件」

この事件の中心人物は、海軍の士官になるのだが、計画自体は何回か練り直され、最終的な案は五月一三日に決まった。それは、海軍の軍人側が、この事件に参加することになった陸軍士官候補生と水戸市の農本主義団体である愛郷塾に説明した案でもあった。

それによると、決行グループは四隊に分けられる。①首相官邸襲撃（黒岩勇、三上卓、村山格之《やまかくじ》、山岸宏、士官候補生五人）、②牧野伸顕内大臣官邸（古賀清志《こがきよし》、池松武志《いけまつたけし》、士官候補生三人）、

③立憲政友会本部（中村義雄《なかむらよしお》、士官候補生三人）、④三菱銀行本店（奥田秀夫《おくだひでお》）。武器は首相官邸グループは手榴弾六、拳銃六、短刀若干といった具合に決めている。こういう武器は海軍側が都合した形になっている。

五月一五日の午後五時に各組は集合場所に集まる。首相官邸グループは靖国神社、牧野邸は泉岳寺、政友会本部は新橋駅、三菱銀行は東京駅となっている。もともとは工業クラブを襲撃するはずが、三菱銀行に変わったのは、一五日が日曜日で財界の指導者がここには姿を現さないとわかり、それで脅かしのつもりで三菱銀行に手榴弾を投げ込むという程度に抑えたというのであった。こうした計画案は中野雅夫の『五・一五事件　消された真実』に紹介されているので、本書もその記述に従う。

さて、このほかに別働隊が呼応して動くことになっていた。橘孝三郎《たちばなこうざぶろう》の主宰する愛郷塾の塾生たちである。いくつかの変電所を襲い、東京市内の電気を止めて暗黒の世界にするというのが目的であった。亀戸、目白、尾久、淀橋などの変電所を襲ったが、変電所は簡単には壊れず、目的は達せられなかった。

もうひとつ、五・一五事件には仲間割れの出来事があった。

井上日召系の川崎長光《かわさきながみつ》が北一輝系の西田税を拳銃で撃ったのである。これは昭和テロリズムの歴史に、ある断層を示すことになった。

その断層というのは、西田が革命ブローカーのような存在であり、いろいろな動きに関わりながら、最後には巧みに身を逸らすことへの怒りが、日召系のテロリストには大きかったとも言えた。川崎は西田の自宅を訪ね、談笑中、拳銃を取り出して銃撃するという挙に出た。西田も反撃し、結局、西田は負傷しただけで命拾いをしていた。しかしこの一事は、日召系と北一輝系の右翼（特に陸軍国家改造運動の従事者）の対立という構図を生み出した。

昭和テロリズムの「ホップ、ステップ、ジャンプ」

五・一五事件の概略をこうしてなぞってみると、単に犬養毅が殺害されたという事件ではなく、その背景にさまざまな要因が絡み合っていることがわかってくる。

この事件の進展、あるいは歴史を揺るがした動力のありようについて、私は「ホップ、ステップ、ジャンプ」の三段跳びだとこれまでにも指摘してきた。

ホップは、決行者たちの行動である。法治国家の機能が全面的に機能しているのなら、テロリストの暴力などは簡単に孤立化して終わるであろう。しかしこのテロを巧妙に利用しようとしたのが、政治勢力や軍部の政治将校たちであった。

政治将校たちは、戒厳令を敷き、事件の新聞報道を禁止せよと内閣書記官長の森恪《もりかく》に迫っている。あるいは元老の西園寺公望を「非常時ですぞ」と脅かして、議会の多数派から総理を選んで天皇に推挙するのではなく、軍部に好意を持つ人物を内閣総理大臣に推挙せよと迫ったりもしている。こうした強圧的な政治が跋扈するのがステップというべき段階であった。

そしてジャンプとは、裁判所に対して全国から減刑嘆願書などを送るような国民的な運動を指す。この盛り上がりが昂揚したことが、繰り返すが昭和最大の誤りであったということになるだろう。

「右翼に甘かった」司法判決

これまで論じてきたように、五・一五事件は血盟団事件の裁判が続いている時に起こった。血盟団事件の弁護人である林《はやし》逸郎《いつろう》は、昭和九年九月一一日の法廷で被告たちの減刑上申書について論じている。その枚数は一四〇〇枚に及ぶとして、昭和維新促進連盟などからの減刑の内容を披瀝《ひれき》しているのである。そのなかで林弁護人は、血盟団事件と五・一五事件は、本来別個なものではなく、裁判の公平さの点でも同じに扱うべきだと訴えている。

よりわかりやすくいうならば、二つの事件は一連の同質の行動だというのである。五・一五事件の軍人たちは軍刑法によって内乱罪とし、行為の時間的差異をもって区別し、血盟団事件を殺人罪に分類するのはおかしいのではないかと主張している。

「一つは朝敵を撃滅せんとする愛国の至情諒とすべきものと為し、一つは酌量減刑すべき等の理由なしとして、単なる殺人犯として無雑作に極刑を科さなければならぬ、斯様なものでございましょうか」(『血盟団事件公判速記録 下巻』)

と裁判長に訴えている。

海軍側の軍事法廷は、血盟団事件と五・一五事件の関連を認めているではないかと林弁護人は主張している。つまり海軍の軍事法廷は、「井上昭〔日召〕一派の所謂血盟団事件の後を承け、同志を糾合し一斉集団的に直接行動を決行し以て前示素志を貫徹せんことを企図し――」(前掲書)と、その素志が一本の柱になっているではないかとも詰め寄ったのだ。弁護人側は、この二つの事件は同志関係にあるのであって、血盟団事件は前半、五・一五事件は後半という見方をすべきだと言っている。そして実際に、この見方は当たっているように思われるのだ。

しかし判決(昭和九年一一月二二日)を見ると、こうした言い分は通らなかったようである。血盟団事件の被告一四人への判決は意外なほど重い。例えば主犯とされた井上日召は、無期懲役に処せられている。決行者の小沼正と菱沼五郎も無期懲役であった。さらに行為には走らなかったけれども、一人一殺の方針を受けていた被告たちもいずれも厳しい刑を受けている。古内栄司、四元義隆《よつもとよしたか》は懲役一五年である。

さらに池袋正釟郎が懲役八年、他は懲役六年、四年、三年となっている。ただし、血盟団のこの量刑は当時の共産党幹部への死刑判決などと比べれば、軽いという印象は否めない。司法は右翼には甘かったということになるのかもしれない。この判決の差に驚いた共産党の幹部は、一様に自分たちの減刑を嘆願することになったという。転向に拍車がかかったのも刑の重さに驚いたからとも言われている。

一方で右翼の側はむしろ自らの行為に自信を深めたと、被告の一人から聞いたことがある。前述の林弁護人の論を見ても、日本主義の立場からの弁護は傍聴人などの共感を呼んだこともあるのだろう。

テロの犯人がたたえられた異常な裁判

血盟団の裁判と異なって、五・一五事件の裁判は異様な空気のもとで進んだ。

海軍側は昭和八（一九三三）年七月二十四日から、横須賀鎮守府軍法会議法廷で始まり、陸軍側は七月二五日から第一師団軍法会議法廷で開かれた。愛郷塾などの民間側の裁判は陸海軍の裁判の進行具合によって開かれるという曖昧さであった。民間側は一九人の被告が法廷に立つことになった。

この裁判で異様な光景が展開したのは、陸軍側の裁判だった。陸軍士官学校候補生といえば、まだ二〇歳前後の青年である。法廷では一大宣伝戦の様相を呈する状態が演出されたのである。かつて私は、五・一五事件の内実に分け入り、書を著したことがあった（『五・一五事件――橘孝三郎と愛郷塾の軌跡』）。

そこで私は、この裁判について次のように書いた。

「〔法廷では〕被告は泣き、裁判官も泣き、弁護士も泣き、これを報じる新聞記者のペンも泣き、読者も泣き……。涙、涙の大キャンペーンだった」

法廷では青年たちは、「自分たちは死を覚悟している。信念に基づいて行動したのだから悔いはない。今更弁護してもらいたくはない」と一様に発言し、弁護士も拒否するという姿勢を示した。そうもいかないと官選弁護人が八人ついて、法廷が開かれた。士官候補生の一人は、砲兵科の首席で、あと二ヵ月で恩賜の銀時計をもらえるはずであった。そういう事実が紹介されたが、この候補生は西郷隆盛の「名もいらぬ金もいらぬ名誉もいらぬ人間ほど始末に困るものはない」との遺訓に打たれていると語り、非常時日本にはこういう始末に困る人間が必要なのだと胸を張った。

さらにこの候補生は、出身地の福島の農村の疲弊を語るときには涙を流して言葉を詰まらせた。法廷は、前述のように「涙、涙」になったのである。

判士長（裁判長）が被告たちに、慈父のような声をかけるのもまた異常であった。

五・一五事件の法廷模様をもう少し続けていこう。日本近現代史において、これほどテロの犯人がたたえられたことはなかったであろう。なぜこのような現象が起こったのだろうか。これが昭和前半期最大の謎である。私の疑問はなかなか消えない。

たしかに二〇歳を越えたばかりの青年が涙ぐみながら、日本の現状を嘆き悲しむ光景は、大人たちの現実感覚を刺激したとは言えるだろう。青年たちは法廷で単に意見を陳述するのではなく、社会への憤懣《ふんまん》を次々と口にして、まるでアジ演説をするがごとき光景が現出した。彼ら士官候補生は、一人ずつ自由に意見を言うことが許された。しかも「政党、財閥、特権階級の腐敗堕落」という具合に、まさに反体制の論理や言葉が全面に押し出され、青年層の正義感が脈打つ陳述が連日繰り返されたのである。

被告の一人である後藤映範《ごとうえいはん》は、以下のような陳述をしている。

「先ず政党について申上げますと、一体政党なるものは昔の藩閥政治の弊を一掃するために生じたものでありますが、爾後《じご》四十年の今日に於ては其本領さえも忘れて堕落して了って居ります。何と云っても政党は日本国政治の衝に当って居り、経国済民の大業、皇謨の翼賛に任ずべき重き責任を有する身であり乍ら、政治の根本義を忘れ、本分を忘れ、国家的大局より逸脱して何等の自覚もなく、小さき党事を事として居ります。（中略）日本人たるの自覚さえなきものであります」

こうした痛憤の言が次々に吐かれる。軍法会議という法廷であり、日ごろはこういう形での公開などはされないのに、一般にも開かれた法廷であるかのように演出され、そして青年たちの「熱き正論」が国民の心を揺り動かすのである。

暗躍する陸軍指導部

新聞はこの軍法会議の模様を連日社会面のトップ記事として扱い、「堂々憂国の熱弁に判士長の眼も潤む」という大見出しを打ち、そして「篠原〔被告の一人〕痛烈に国策誤謬《ごびゅう》を難ず」（「読売新聞」昭和八年七月二八日付）と報じるのである。軍法会議としては初めて速記を取ることが許されたとも報じられ、第一師団第一旅団長の朝香宮殿下が公判を傍聴したとも新聞は伝えている。

公判が進むと、新聞の見出しはさらにボルテージを上げてゆく。例えば次のように。

「国家の害虫に天誅を加え　建国の大精神発揚」

「飽く迄大楠公の　遺志を継ぐ」

このような見出しは、まるで彼らが善意の行動、歴史に残る正義を行ったかのような錯覚さえも起こさせるのであった。次第にテロが義挙に変質していったと言ってもよいであろう。五・一五事件は、「ホップ、ステップ、ジャンプ」の三段階を経て昭和史を変えたと書いたが、この法廷の様子はまさにステップの段階に強烈な勢いを加えたのであった。

こういう具合に被告の青年たちに存分に陳述させた後、弁護人たちは彼らに刑を与えていいのか、と論を展開していくのである。その弁論の内容もまた一編のドラマを見るような筋立てなのだ。

当時の新聞報道を読むと、報道自体にかなりの偏りがあることがわかる。例えば陸軍側のある弁護人は、法廷にまず四六一九通の減刑嘆願書を積み上げて、「これは如何に国論が減刑に向って動いているかということを証明するものだ」と前置きしてから弁論を始めるのだが、政党政治の腐敗を大袈裟に語り、この事件は「公利公益を目的とした反乱であって、愛国の熱情迸《ほとばし》って、救国済民の大理想よりして、決行したる本件に対し酌量するは、国家当然の義務」と決めつける。被告の行為はなんら恥ずべきものではなく、赤穂浪士が義士として語り継がれているように、彼らの義も語り継がれるであろうというのである。

弁論の場では、こんな意見も披瀝されている。逆立ちした論である。

「被告が厳罰に処せらるとも、犬養首相は蘇生するものではない。墳墓は依然として墳墓だ、国家改造のために起った被告の真情を知るなら、英傑犬養氏また地下に瞑して被告の将来を嘱望していることであろう」

犬養首相の内心まで一方的かつ恣意的に持ち出して、論を続けるわけだが、「犬養氏また地下に瞑して被告の将来を嘱望していることであろう」などという箇所は、新聞報道では「感極まってか裁判長涙で顔を曇らす」と書いている。この弁護人は五時間にわたって弁論を行ったが、最後の言葉は「非常時日本に際し、愛国熱血の被告を、国宝として取扱われんことを望む」というものだったというのだ。テロリズムの決行者を国宝にせよと結ぶ弁護人の神経とは、どのようなものだったのだろうか。

また別の弁護人は検察官の論告に激高し、食ってかかったという。

「私は〔被告たちの〕無罪を主張する」と叫ぶ。そして弁論を続けるのだが、刑務所での面会に被告たちは親を思い、兄弟の身の上を案じていると伝えて、それは涙なしでは聞くことができなかったと法廷でも泣いている。法廷の空気は粛然となり、やがてすすり泣く声が広まった、と新聞記事は伝えている。法廷そのものが何か別な空間、劇場で芝居に吸い込まれているような空気が醸し出されたのである。こういう法廷は明らかに陸軍指導部が演出して国民の反軍的気分を削ぎ、同時に陸軍が政権を担うための正当性を模索していたとも言えるであろう。

五・一五事件は本来なら首相暗殺のテロリズムなのに、このように体制変革への志向にまで影響が広まるのは、日本社会の歪みも相当深刻だったと言っていいように思う。

そういう歪みの一つと言っていいのだろうが、陸軍内部の青年将校のグループ、例えば北一輝や西田税などを同志とする国家改造運動に熱心な将校グループは、陸軍内部の軍人などから、「お前たちは実際の行動などはできないだろう」と屈辱の言葉を浴びせられたというのだ。陸軍の国家改造運動のグループは、海軍のグループとは一線を画していた。例えば海軍のグループは、井上日召、権藤成卿、橘孝三郎などのほか大川周明などの影響を受けていた。特に権藤や橘の農本主義的な考え方やその思想に惹かれていた。

これに対して陸軍の青年将校は北一輝の影響下にあり、国家社会主義の信奉者が多かったのだ。磯部《いそべ》浅一《あさいち》、村中《むらなか》孝次《たかじ》、栗原《くりはら》安秀《やすひで》らの考え方は、特に北の思想への傾斜が目立っていた。のちに二・二六事件を起こす青年将校のグループは、五・一五事件に先を越されたとの感情を持ったと言われているのだが、それが決起の一因であろうことは容易に推測することができた。

「感情優先、暴力礼賛」という倒錯

五・一五事件の法廷は、国家改造を企図する青年将校、右翼結社の活動家などのためらいを振り切る役割も果たした。国内の世論がテロなどに好意的であり、テロリストがむしろ国家的英雄にされることもあるとあっては、よし次は我々もという具合に行動に走る青年も増えていったと思われる。法廷には多数の減刑嘆願書が寄せられたのみならず、指を詰めて瓶に入れホルマリン漬けにして送ってくる者さえいたのである。

当時の東京朝日新聞、東京日日新聞などを丹念に読み込んでいくと、減刑嘆願の実態がわかる。

右翼結社の日本国民社が二万四〇〇〇人の署名簿を荒木貞夫陸相に届けている。陸軍側の士官候補生の陳述の後は、この種の嘆願書は日を追って増え、一日に一万通を超す日もあったというのである。それまでは地方からの嘆願書が多かったのだが、やがて東京でも火がついた。かつて私はこの動きを調べて次のように書いたことがあった（『五・一五事件——橘孝三郎と愛郷塾の軌跡』）。

「淀橋、渋谷、中野の三区で署名運動が起こり、一万六千人が署名（八月二十六日付）。犬養首相の選挙区であった岡山県都窪郡、吉備《きび》郡、岡山市一帯でも減刑運動が起こる。会社重役、医師などが同志数十人の署名をもって陸軍側、海軍側に嘆願書提出（九月八日）。論告求刑がせまると運動はさらに白熱し、（中略）国家社会党は減刑運動のため、各地の支部で六万二千人の署名を集め陸軍、海軍の軍法会議にわたす（九月十六日）」

各紙は競ってこの嘆願運動が自然発生的に生まれたかのように書くのだが、記事をよく読むと、各地の政党支部や在郷軍人会などが音頭をとって進めた様子が伝わってくる。つまり演出されたのである。その演出には、この国その時代の社会の空気を、三つの心理で縛ろうという強い意図があったように私には思えるのである。三つの心理とは次のようなものではなかったか。

1　動機が正しければいかなる行為も許される。
2　感情はあらゆる論理に優先される。
3　テロによる死者は国家の救済者である。

五・一五事件を含めて、昭和前期のテロやクーデター未遂の事件は、この三点を土台にすえて分析していくとわかりやすいのではないだろうか。1は「動機至純論」、2は「感情優先論」、そして3は「暴力肯定論」になるであろうか。

私の見るところ、この三つの論がテロリズムの擁護になると言っていいように思う。犬養首相の気持ちを勝手に推し量って暴力を全面的に肯定するなどは、本来なら言語道断の所業と言っていいはずである。テロやクーデターの怖さは、理屈も冷静さもなく、行き着く先は暴力が支配の前面に出てきて人々を黙らせることにあるのであった。

しかしその渦中にいるときは、この三つの心理が、一時的に、あらゆる暴力を正当化する根拠になるという倒錯が生じるのである。

あえてそういう例を語っておきたい。陸軍側の被告たちの判決が言い渡される日、法廷に判士長や検察官、弁護士、それに被告らが揃って開廷が宣言されるや、初老の婦人が傍聴席の前に進み出て涙をこぼしながら訴えた。

「裁判長さま、どうぞこの若い青年たちに温かい判決をお願いいたします」

この光景は何を語るのだろうか。三つの心理を代弁していることは容易にわかる。そしてこういう心理がそのまま続いていくことによって、やがて戦争という時代を招来したことは歴史が証明している。この婦人がその後、どのような人生を過ごしたかは知る由もないが、一時の感情に引きずられて過ちを犯したことに気がついたであろうか。あるいは気づかずに戦争の時代に突入し、そこに身を置き続けていたのであろうか。

愛郷塾をめぐる裁判

五・一五事件の減刑嘆願書は法廷に山積みにされた。陸海軍の被告たちは、それぞれの軍法会議で裁かれた。そのいずれの法廷にも嘆願書は出されたのだが、陸軍の法廷にはおよそ四〇万通、海軍の法廷には七〇万通近くの署名簿が提出された。中には署名がダブっているものや、架空の人物名が書かれているものも含まれていたに違いない。それにしてもこういう異常な情景は、「動機至純論」「感情優先論」「暴力肯定論」を社会にもたらした。冷静に現実を見つめることが愚鈍と言われかねない空気の横溢である。

しかしこの減刑嘆願の内幕をよく見ていくと、あるからくりが見えてくる。

当時の総合誌である『改造』昭和八年一一月号に、一読者が投書している。

「かかる減刑運動に参加せざる人々を非国民呼ばわりし、又小学生、中等学生等をも参加せしめることは如何のものであろうか」

ここでは、教師が生徒にまで署名させている内実が暴露されている。右翼系の愛国団体が半ば強制的に署名集めを行っていることは、すでに知られていたのだ。署名集めに熱心だった団体は、明倫会、皇道会などのほか日本国家社会党なども力を入れていたことが、当時の新聞報道などからうかがえるのである。地方紙では、農村恐慌への怒りを署名活動に託して行ったことが堂々と記事にもなっている。

五・一五事件の裁判は、三つの法廷で開かれている。海軍側の軍事法廷、陸軍側の軍事法廷、そして民間人を裁く一般の法廷である。

前述のような減刑嘆願書は海軍側、陸軍側に膨大な数で届いたわけだが、民間側にはどうであっただろうか。これについても詳しく調べていくと、陸海軍とは比較にならないほど少数でしかなかった。この点でも、不可解な動きや不明朗な法廷戦術が露呈したと見ることができた。

　民間側の法廷は、昭和八年九月二六日から始まった。すでに陸軍側の判決は下っていて、一一人の陸軍士官候補生はいずれも禁錮四年の判決を受けていた。求刑はいずれも禁錮八年だったのだから、判決はその半分だったのである。海軍側はすでに最終弁論も終わっていて、判決待ちの状況であった。

　民間側は、橘孝三郎の主宰する愛郷塾の門下生がせいぜい変電所を襲い、それは帝都を暗黒にして近代文明の陰で泣いている農民の苦境を知ってもらうとの意図であり、その試みも失敗したというのが現実だった。彼らの行動が、五・一五事件の副次的な役割でしかないというのは、誰が見ても理解できたのである。

　橘孝三郎は獄中にあって、農村苦境の現況を上申書にまとめていたのだが、裁判長から「思いのたけを全て書くように」と言われていた。上申書は四百字詰めで三〇〇枚を超えていた。それを法廷ですべて読み上げていいと、裁判長は約束したともいう。

　農民別働隊と評された橘と愛郷塾の門下生は、刑を受けても士官候補生の禁錮四年をはるかに下回るだろうというのが、世間の見方であり、橘らの心中での受け止め方であった。

　しかも弁護団には有力な弁護士五八人が名を連ねるのだから、この裁判もまた軍人たちとは異なる面で注目された。

付け加えておくと、民間側で起訴されたのは橘と愛郷塾生一六人、そして大川周明、本間《ほんま》憲一郎《けんいちろう》、頭山秀三《とうやまひでぞう》の三人である。

大川は、海軍側の軍人に拳銃五挺、弾丸一二五発、そして行動資金六〇〇〇円を渡したという罪である。大川の逮捕は事件から一ヵ月後のことであったが、それには理由があり、「警察、憲兵の方面にも同人を崇拝せるものあり、俄に着手出来ず」（『木戸幸一日記　上巻』昭和七年六月一七日）という事情があった。大川の国家改造に対する情熱に惹かれている人物が、取締当局にも多かったということになる。

本間と頭山の逮捕は、やはり海軍の軍人に拳銃を提供したとの疑いであった。

民間側の裁判は、橘と愛郷塾グループ、そして大川、本間、頭山は分離裁判で行われた。

橘らの裁判では、橘が初めに七日間にわたり、自らの経歴、思想、さらには第一高等学校の卒業式直前に、自分はこの世で栄達を求める人生を送らないと決意して退学して水戸周辺に文化村を作り、森林の伐採、土地の開墾、人格錬磨の教育機関、日本、欧米の哲学研究などを求める生活に入った経緯などが陳述された。

農本主義者・橘孝三郎の意図

私は文筆業に入ってまもなく、橘孝三郎という人物に関心を持ち、大正時代の理想主義者（東の橘の「文化村」、西の武者小路実篤《むしゃのこうじさねあつ》の「新しき村」と称された）が、なぜ昭和のテロの一角に加わったのかに興味を持った。昭和四九（一九七四）年から五〇（一九七五）年にかけて一年余、水戸の橘の元を訪ねて、その心中を詳しく聞いた。そして書にまとめた。私はそこに次のように書いた。

「孝三郎にとって、これらベルグソン、ハイデッガー、ニーチェ、ジェームスは五・一五事件に連座するまでの潜在的な師であった。ロバート・オーエンやクロポトキン、そしてテンニースは具体的に農業経営のための教師ではあったが、それは師とはいえない。ミレーや木喰《もくじき》上人はその生き方に共感を覚えたのであろうが、それも師ではない」（『五・一五事件——橘孝三郎と愛郷塾の軌跡』）

橘にとって、こうした思想の遍歴を法廷で存分に語ることができたのは、それなりに自らを理解せしめる有効な手段とも言えた。五・一五事件とはもっとも遠い地に立っていたのに、事件に連座したのはなにゆえか。やはり私の実感した結論を書いておきたい。

「孝三郎は、農業を〝生あるもの〟としてとらえている。農業と農民は、〝まごころ〟で結ばれた関係であり、これが資本主義的経済関係に隷属させられるのは我慢できなかったのであり、それがひいては反資本主義を唱えるものであれば……となった」（前掲書）

橘の心中には二つの闘いがあったように思う。ひとつは、反乱を企図する軍人たちの生真面目さに打たれたから、というのであった。もうひとつは、これらの軍人が北一輝の理論に踊らされてはいけない、と思ったからのようであった。橘らの農本主義は、北のような国家社会主義的な思想には馴染まない。こうした理論は共産主義の別働隊のように受け止めたということになるのだろう。

農本主義者は農村内での対立の図式を、「地主と小作」と見るのではなく、「都市と農村」と見る。資本主義の発達は、そのまま農村疲弊、あるいは解体に行き着く。橘が門下生に、帝都暗黒を行わせようとしたのは、都市を混乱させ、農村の苦境を理解させようとしたことだと証言したにせよ、それが同時代の人々に十分に理解されたかは不明である。ただ橘が、農村の苦境を報告し、飢えに泣き、税金に怯え、現金などまったくない生活を涙ながらに語ると、法廷にはすすり泣きが広がる。新聞はそこまで農村の疲弊は進んでいるのかと驚き、やがてそれは政治を動かすことにもなった。

裁判長は、「ではどんな建設意見をもっているのか」と橘に問うた。「古代中国の禹《う》」を参考にすべきだと橘は答えている。禹とは、中国の伝説的な帝であり、治水事業に尽力し、農民を大切にしたとされている。すなわち、人間主体の国家ということになろうか。

極端に判決が重かった民間側裁判

私は、五・一五事件には根本的ないくつもの批判を持つ。テロリズムの歴史的恐怖は正常な政治を根本から崩す、許し難い暴挙だと思う。ただ、橘孝三郎という人物の博識、感性は群を抜いていることは認めざるを得ない。私は、こういう人物に会ったことはない。

橘の法廷にも減刑嘆願書は届いたが、そういうものは法廷に持ち込んではならないとの通達が出されて、嘆願書の動きは止まった。橘への嘆願書は農民からのものが圧倒的に多かったと言われるのも、彼が農民の心理を代弁したからであろう。

弁護側は、橘らの証人として、徳富蘇峰《とくとみそほう》、中野正剛《なかのせいごう》、風見章《かざみあきら》、田中智学《たなかちがく》、松岡洋右《まつおかようすけ》ら一六人を申請している。しかし認められたのは代議士の風見をはじめ三人だけであった。風見は新聞記者出身で、早くから橘の支援者でもあった。のちに近衛内閣の書記官長を務め、戦後は左派日本社会党の論客として知られた。風見は三時間余の発言で、橘の愛郷運動を称賛している。政治的には次第に疎遠になっていったにせよ、橘への支援と同情は政界にも広がっていたのである。

ところが、民間側への判決は意外なほど重かった。

民間側の法廷では、昭和八年一〇月三〇日に論告、求刑が行われ、橘には無期懲役が科せられた。橘の側近たちにも懲役一五年が科せられたし、変電所を襲った者も七年や一二年を宣告されている。検事の言い分は、この処分を寛大にするならば類似事件が発生する恐れがあるし、量刑というのは犯罪の動機よりもその犯罪が社会に与えた影響の大きさにあるとも述べている。いわば民間側には極めて厳しかったのである。

それからほぼ一〇〇日後の昭和九年二月三日に、東京地裁で判決の言い渡しがあった。この間に司法にはいろいろな圧力もあったようである。検察側の主張をほぼ受け入れての判決であった。

橘は無期懲役、二人の側近は懲役一五年と一二年、まさに求刑通りであった。変電所を襲った門下生は大体が懲役七年で、ばらつきはあるものの検事団の求刑が認められた。もう一つの民間側の大川周明も求刑通り一五年、本間も一〇年、頭山は求刑が一〇年だったが、八年となった。この判決から次のことがわかる。

1　民間側の判決は極端に重く、その理由は曖昧である。
2　橘門下生というだけで刑を受けている者が含まれる。
3　嘆願書の法廷持ち込み禁止など、裁判の形式が軍人とは異なる。
4　門下生の証言はそれほど重視されていない。
5　軍法会議の裁判は政治的なショーになっている。

こういう点がすぐに指摘できるのである。民間側の弁護士は、こんな判決はいい加減だとは言うものの、大声では批判しない。新聞なども犬養毅首相の暗殺に加わった者が、軍服を着ているだけで軍事法廷に保護されて軽い刑であり、軍服を着ていない連絡役の民間人がそれ以上の刑を受けるのはおかしいと漏らしているが、そういう声は大きくならない。

それには理由があった。事情を調べていくと、意外なことがわかる。民間側の判決の二ヵ月前に陸海軍省は共同で声明を発表している。いわゆる「軍民離間の声明」である。近年、日本社会には軍部批判が起こっているが、これは軍部と民間の離間を企図しているのであり、軍当局としては無視できない、というのである。これにより軍部批判の言説は萎縮を強いられた。

これは何を意味するのか。五・一五事件の民間側の判決が出されて、初めて人々は理解した。テロやクーデターは軍部が陰に陽に支援していると断じてよく、軍部による暴力支配体制に対する批判は、すでに封じられていたのである。

陸軍省と海軍省が共同で発表した「軍民離間の声明」は、現実的には言論弾圧の意味を持っていた。「軍部を批判することは、軍部と一般社会とを離間させるのが目的であり、軍当局はこの策略を許さない」との内容は、軍部を批判的に論じることは敵対行為だという脅しでもあった。これが五・一五事件の民間側の判決が出る直前に発表されたということは、民間側の判決が軍人たちよりも重くあるべきで、それへの批判を許さないとの決意表明のようなものだったのだ。

第三章　暴力の季節への抵抗者たち

——ジャーナリスト・桐生悠々と政治家・斎藤隆夫

言論人・桐生悠々の怒り

前章で論じた「軍民離間の声明」に反対する声は、それほどの広がりを持たなかった。しかし議会のなかに、ファッショ的な動きに反対する気風はある程度残っていて、政友会や民政党の有志議員が懸念の声を上げた。いわば政党政治家たちである。名を挙げると、斎藤隆夫《さいとうたかお》、安藤正純《あんどうまさずみ》、島田俊雄《しまだとしお》らがそうなのだが、安藤はこの軍部の声明がいかに問題かを明かしている。次のようにである。

「多数の国民中にはさようなことを言うものがあったとしても、国軍の幹部が陸海軍共同して声明書を出すとはあまりにも狼狽《ろうばい》した姿である。社会不安の最も大きな理由は、流言飛語の横行である」

つまり、陸海軍が一方的に流言飛語を撒き散らしているのではないかという抗議である。日本社会には、安藤のこの発言に同調する声もあったとはいえ、五・一五事件の被告への同情や満州事変での日本軍の軍事行動にカタルシスを得る方が遥かに多かったと言ってよかった。国民の側がむしろファッショ的方向に進んでいるというのが実像であった。親軍派の議員や民間右翼の側は、こういう軍部批判を行う政治家に直接的な威圧を加えたり、あるいはその発言に感情的な反発を加えたりして、発言封じに躍起となった。

五・一五事件の後も、昭和八（一九三三）年七月に神兵隊事件、昭和九（一九三四）年一一月に十一月事件、また三月には時事新報社社長の武藤山治《むとうさんじ》がテロに遭っている。さらに昭和一〇（一九三五）年八月には陸軍省軍務局長永田鉄山刺殺事件が起こるなど、既遂、未遂を含めてテロやクーデターが頻発していた。日本社会はあまりにも病んだ状態になっていたのであろうが、この異様な状態にきちんとした批判がなかったことによっても、その病いは深刻だったと言えるのではないだろうか。

昭和一〇年八月の永田鉄山刺殺事件について、言論人の桐生悠々《きりゅうゆうゆう》は、個人誌『他山の石』（昭和一〇年九月五日号）の中で、犯人は「陸軍内のギャング」という言い方をしているのだが、この事件に触れて、その遠因は五・一五事件などに由来していると手厳しく批判している。

「それにつけても、思い出されるのは、五・一五事件の卑怯性である。相手は勅語にいうところ軍隊の上官ではない。だから、不正の点を発見すれば、堂々としてその理由を述べて、その反省を求むればよい。（略）然るに、彼等は直に『問答無用、打て』と言って、しかもピストルを手にした七八人の壮漢的軍人が、腰に一刀をも帯びない時の首相故犬養氏を、その官邸に狙撃したのは、同じく我武士道に違反した卑怯なる『闇討』でなくて何であろう」

悠々は怒りを込めて、老首相をなんらの会話もなしに暗殺するというその行為が、いかに卑怯なのかを説いている。その上で、こうした行為を「一部誤った国民の熱狂性」を、正確に批判しなかった自分たちの過ちとして自省しなければならないとも書いている。悠々は、本来なら五・一五事件の裁判の時に、自分たちはもっと本質的な批判をしておくべきであったとも反省している。もとより悠々は裁判の時点で自らの個人誌において鋭い批判をしていることを記憶しておかなければならないと思う。

永田鉄山刺殺事件や、五・一五事件の後のテロ、クーデター（既遂、未遂を問わず）については、その内実を詳しく後述したい。それを前提に、本章では、テロ、クーデター計画未遂などの動きへの悠々の批判、難詰する論説を語っておきたいのである。

「だから、言ったではないか」

この時期のメディアの様子を検証していくと、新聞や新しく登場したラジオ放送は、権力批判というより、むしろ権力の走狗となったと言っていい状況だったように思う。新聞記者やラジオの放送記者を、記者すなわちジャーナリストと見て、独自の職業意識や矜持を持っていたなどと見るのは誤りである。

いずれの媒体の記者たちも、国家政策を流布する役割を果たす、国家の宣伝要員だったと見る方が当たっている。数少ないジャーナリストは、軍の圧力によって職を追われ、個人でメディアを起こして言論の優位性を信じて戦っていたのであった。悠々は反軍的な論説を書いたとして、所属の新聞社を追われ、名古屋にあって個人誌を細々と刊行して生活の維持を図りつつ抵抗を続けていたのであった。

その意味では桐生悠々は、この時期の数少ない真のジャーナリストというべき存在であった。

桐生悠々

悠々が二・二六事件の後に、『他山の石』（昭和一一〔一九三六〕年三月五日号）に書いた論説は、軍の権力を恐れず、検閲もうまくすり抜けるような含意の深い内容である。その冒頭にある一節を引用しておきたい。

「だから、言ったではないか、五・一五事件の犯人に対して一部国民が余りに盲目的、雷同的の讃辞を呈すれば、これが模倣を防ぎ能わないと。だから、言ったではないか、疾くに軍部の盲動を誡めなければ、その害の及ぶところ実に測り知るべからざるものがあると」

だから、私たちは日ごろから政府と軍部に苦言を呈して、何回となく発禁の処置も受けたではなかったか、と悠々は怒るのだ。その上で「国民はここに至って、漸く目さめた、目さめたけれどももう遅い」と断じている。しかし、軍のこうした暴挙に目ざめないよりは、遅きに失したいまであっても目ざめた方がまだいい。国民の批判の声を権力者は聞け、というのが悠々の主張である。この声を聞くことで、日本はまだ救われるとも言っている。これまでの自分だけの憂いが、国民の一部に共通するものになりつつあるとの悠々の理解は、確かに当たっているであろう。

ただしそれはまさに国民の一部の間に、であり、広く国民の間に、国軍の私有化反対、テロ、クーデターなどの暴力への反対が共有される基盤はすでに失われていたのである。

悠々もそれを理解しているからこそ、焦慮の念を持って「だから、言ったではないか」と断腸の思いを書き綴ったということになるのであろう。

「ニホン」と読むか、「ニッポン」と読むか

昭和のテロリズムは、特定の期間に集中して起こっているのだが、なかでも五・一五事件はさまざまな意味でテロ公認の雰囲気を作り上げていった。そのことは前述の桐生悠々の論説などに触れても十分に感得できるのである。

もう一点、意外な事実を提示して、テロやクーデターを肯定する社会潮流が生み出した、

ある生理的な変化を語ってみたい。

昭和六（一九三一）年九月の満州事変後に、日本の連隊は満州を含めての中国各地に進出するのだが、その折に軍事的な制圧をすると、兵士たちは大体が、「大日本帝国万歳」と両手をあげて万歳の姿勢を取る。「ダイニホンテイコク」という兵士もいれば、「ダイニッポンテイコク」と発音することもあったというのである。これがやがて「ダイニッポンテイコク」に統一されていったともいう。

この発声の違いは、意外に大きい。

私はかつてインドネシアで、あるいは北京で、日本軍閥と戦った元兵士などから、「日本人がダイニッポンテイコクバンザイという発声をすると、体が震える。乱暴狼藉という感覚に結びつく」という話を何度も聞いた。

いかにも侵略軍が発する音声に聞こえるというのだ。ニッポンという音声が持つ響きが威圧的だというのであろう。逆にニホンという音声や響きは柔らかな、言ってみれば女性的なニュアンスに聞こえるというのである。

五・一五事件の檄文は、「日本国民に檄す」となっている。そして冒頭は「日本国民よ！」との呼びかけで始まっている。その後「刻下の祖国日本を直視せよ」と続いていくのだ。これを、ニホンと読むのか、ニッポンと読むのか、が問われていく。

私は五・一五事件に連座した被告の一人に戦後（昭和五〇年代初め）、檄文を読んでもらったことがあったが、彼はためらうことなく「ニッポン」と読んでいる。

このことについて、悠々は極めて象徴的なことを書き残している。昭和一〇年一一月二〇日号の『他山の石』の一節である。

「私たちが『にほん』と言い来ったところのものを、今更『にっぽん』といいかえる必要もない。『にっぽん』というならば、寧《むし》ろ『日の本』といった方のよいことは、既に記者の言及したところ」

テロとクーデターの時代に、言葉の言い換えや読み換えが進んだというのは興味深いことである。そこには、日本社会が傲慢なナショナリズムにとらわれていく過程が刻印されていたのではないか。悠々はジャーナリストの鋭敏な感覚で、時代が変調をきたしつつあることを嗅ぎ取っていたのである。

軍部の主流派が計画していた昭和六年の三月事件なども、ジャーナリストたちは感知していたのであろう。悠々も、昭和一一年四月二〇日号の自らの雑誌に、「寺内陸相に望む」と題する論説を書いているのだが、そこには「私たちはこれを〔この事件を〕〇〇事件の延長と見る。五・一五事件もまたその一の現われと見る。最初にその原因を隠蔽して、従ってその救済を糊塗《こと》した為に、こうした寒心すべき重大事件が矢継早に起ったのではないか」

と、三月事件がこうした事件の遠因だとはっきりと認めている。

この部分は内務省の検閲官により、「〇〇事件」と伏せ字にするように命じられている。しかし読む者が読めば一目瞭然である。つまりテロ、クーデターの原因は極めて明白であり、それは陸軍首脳部が先導役を務めていると断言しているのである。昭和六年の二つの事件、一つは九月の満州事変、もう一つは闇に消えた陸軍首脳たちによる幻の三月事件、この二つが昭和の軍事主導体制の起点になったのである。そのことを当時にあっても、歴史を俯瞰できるジャーナリストは見抜いていたのである。彼はそれがゆえに職を奪われ、孤立し、そして官憲の監視の目の中で論陣を張っていた。

斎藤隆夫の「粛軍演説」

抵抗するジャーナリストとして桐生悠々を論じたが、それと同じ志で軍事主導体制を批判した政治家を挙げて、その歴史的視点を整理しておく必要がある。その政治家とは斎藤隆夫である。

彼もまた二・二六事件直後の国会での演説で、この事件を明確に規定している。つまり反乱事件であり、青年将校たちをまさに不逞《ふてい》の輩と呼び、この事件のよって来る理由を縷々《るる》説明したのである。一時間半近くに及ぶ質問演説は、歴史上に「粛軍演説」として名

斎藤隆夫

をとどめている。その演説があったからこそ、少数派とはいえ昭和の反テロ・反クーデターの論陣が明確になっていると言っていいのではないかと、私には思えるのである。

斎藤隆夫の粛軍演説は極めて真っ当な意見であったが、時代背景が歪んでいると、こうした立場がむしろ奇異に見えてくる。まさに石が流れて木の葉が沈む時代だということが裏付けられるのである。

斎藤の演説は、二・二六事件からおよそ二ヵ月後の第六九回帝国議会で、忌憚なくテロやクーデターの理不尽さを暴いた。斎藤が五・一五事件の法廷記録などを丹念に読み込み、さらには日本陸軍の組織原理やその軍人教育も調べ尽くしての質問だったことが窺える。その内容は歴史的な正当性を持っていた。繰り返すことになるが、「斎藤隆夫」という衆議院議員が、昭和のテロの時代に存在したことは、近代日本の救いであったと言ってもいいだろう。

斎藤は、軍人は明治一五（一八八二）年に明治天皇によって出された「軍人勅諭」によって行動が規制されているはずだとすれば、このところ起きている青年将校の非合法活動はこの勅諭に反するのではないか、とまずは問う。青年将校が純真であることは認めても、少々単純ではないのか、だから北一輝などの書を読んで感動したなどとかぶれてしまうのだ——。

斎藤の発言は、誰もが言いたいけれど誰も言えなかったことを代弁していた。日本社会の構造的矛盾を直接的な言葉で堂々と語っていたのだ。

そして斎藤は、二・二六事件に見られる青年将校の行動は、結局は軍部自体の問題ではないのかと正面から斬り込んでいく。この部分は重要である。引用しておこう。

「第一は昭和六年に現われた所の所謂《いわゆる》三月事件、第二は同年に現われました所の十月事件、此事件の内容は申しませぬが、事件の性質其ものは、其後に現われた所の五・一五事件及び今回の叛乱事件と同一のものでありまして、同一の系統に属するものであるのであります、然るに此両事件に対し、軍部当局は如何なる処置を執られたかと云うと、之を闇から闇に葬ってしまって、少しも徹底した処置を執って居られないのであります」

斎藤のこの粛軍演説に議場からは拍手が湧いた。少なくとも政治家のかなりの部分はこういう見方に共鳴、あるいは納得したのである。あまりにも正論であり、軍人たちが斎藤に深い恨みを持つに至る理由などになりようがないほどの真っ当な意見であった。斎藤は、三月事件、十月事件がその後のテロやクーデターのきっかけになっていると、はじめて議会を通して国民に訴えかけた。

三月事件、十月事件はこれまで紹介してきたように、陸軍の中枢に位置する軍官僚が企図したクーデター未遂事件であった。それがまったく公表されず、さらには斎藤の指摘するように闇から闇へと葬り去られる事態になった。この未遂事件に何らかの処罰が加えられていたならば、その後の血盟団事件や五・一五事件は起きなかったのではないか、との見方は事の本質を突いている。この理解の下に、さらに斎藤は論を進める。

五・一五事件の裁判のあり方を批判したのである。

犬養毅首相暗殺の主たる役割を果たした海軍の軍人たちと、発電所の機能を止めようとしたが未遂に終わった民間人の間で、刑の重さの違いが歴然としている。この不自然さを斎藤は明確に指弾した。その部分をやはり引用しておこう。

「同じ事件に連累して、其為したる役目は違うと雖も、或者は一国の総理大臣を殺害したるにも拘らず、其人が軍人であり、且つ軍事裁判所に管轄せらるるが為に、比較的軽い刑に処せられ、或者は僅に発電所に未発の爆弾を投じただけであるにも拘らず、其人が普通人であり、普通裁判所の管轄に属する者であるが故に、重き刑罰に処せられた、(略)天皇の御名に依って行われる裁判は徹頭徹尾独立であり、神聖であり、至公至平でなければならないのであります、然るに人と場所に依って裁判宣告に斯の如き差等を生ずる、是で国家の裁判権が遺憾なく発揮せられたりと言うことが出来るか」

軍部が行う軍事法廷の内実こそが問題ではないのか。斎藤の問いの本質は、こういうテロやクーデターは、実は軍首脳が反乱事件の元凶ではないのか、と断罪した点にある。

議場からはしばしば拍手が起こっているが、同時に「ヒヤヒヤ」とのヤジも飛んでいる。親軍派の議員たちは、この斎藤演説に憤りを持ったこともわかる。これは貴族院における親軍派の議員なのだが、衆議院での斎藤議員の質問に、寺内寿一《てらうちひさいち》陸相が一部同意したのはどういうことか、と詰問している。親軍派の議員も増えていたのである。

斎藤は粛軍演説を、「軍政を論ずるのは即ち国政を論ずるのであります、決して是が為に軍に対して反感を懐くのではない、軍民離間を策する者でもなければ」と諭すように論じて終わった。寺内陸相はそうした見解に同感である旨を述べる以外に答えようがなかったのである。

この演説は新聞でも大きく報じられた。軍が検閲を行う時代ではなかったこともあるだろうが、国民の多くは斎藤演説に納得し、ファッショ的な時代に抗う光を見出して励まされたと言ってもよかった。そのことは『斎藤隆夫日記』を繙いていくとよくわかる。斎藤自身がこの演説の後、どれほど多くの人たちから激励され、称賛されたかを日記に書き残しているのであった。斎藤の日記には次のような記述があった。

「五月七日〔前半部分は略〕三時三分登壇、四時二十八分降壇。演説時間一時〔間〕二十五分。演説の後半は粛軍干係なり。満場静粛、時々万雷起る。議員多数握手を求め、大成功を賞揚す。予も責任を果したる感あり、大安心。〔以下略〕」

翌日、そしてその翌日。議会内では斎藤のところに歩み寄って、粛軍演説の内容に賛意を示す議員も多かった。斎藤の日記からすると、感謝の念を漏らす議員は予想外に多かったようにも思えるのである。

ただ脅迫や威圧もあったのだろう。演説の翌日から警戒の警官が斎藤宅に来ており、警官の護衛や防備が始まる旨の記述も見える。しかし全国から斎藤宅には激励の電報や書簡などが次々と届いたともいうのだから、斎藤を支持する声はこの頃はまだ大きかったのである。その声はテロやクーデターに反対する国民の意思の反映と見ることもできた。

「反軍演説」へのヤジと罵声

言論人の桐生悠々、政治家の斎藤隆夫、歴史に残るこの二人の、テロやクーデターへの反対論は、時代を超える普遍性を持っている。この普遍性を私たちが現代に応用できるか、それがいま試されているように思われるのである。

昭和五（一九三〇）年の濱口雄幸首相狙撃事件から始まるテロとクーデターの季節は、昭和一一年二月の二・二六事件までの、わずか七年ほどの間に、一〇件余の事件を数えるに至っている。それは暴力が支配する時空間への道筋であった。斎藤隆夫の粛軍演説は、二・二六事件後ではあったが、暴力の時代をもたらした原因はどこにあるのか、その構図を見事に示していた。

その演説に関する多くの共鳴、賛同の声は、昭和一一年はまだ暴力に抵抗する空気が院内に、日本社会に、残っていたと解釈してもよいであろう。

それから三年九ヵ月後の昭和一五（一九四〇）年二月二日の衆議院本会議場である。斎藤は民政党の代議士として、米内光政《よないみつまさ》内閣に日中戦争の現実について鋭い質問を行った。歴史的には反軍演説といわれている。

日中戦争が始まってから二年有半が過ぎていて、戦線は膠着状態になっていた。斎藤は、その泥沼に入っている状態を含めて、陸軍の侵略性のために、日本の庶民の生活がガタガタに崩れていると批判したのであった。

斎藤の舌鋒は鋭く、日中戦争下の日本社会は崩壊気味だと叫んだ。戦争が始まって二年半が過ぎたのに、陸軍はひたすら聖戦と称して、国民が疲弊している状態にあることを知ろうともせず、戦争継続のみに走り政党政治を解体せしめるかのような動きを示していると真正面から批判した内容であった。

この演説はやはり一時間半ほど続いた。前述の粛軍演説とほぼ同じ時間であった。斎藤の軍部に対する批判の視点は一貫していたのである。

例えば演説には、「〔この戦争で〕我が国民が払いたる所の犠牲、即ち遠くは海を越えて彼の地に転戦する所の百万、二百万の将兵諸士を初めとして、近くは之を後援する所の国民が払いたる生命、自由、財産其の他一切の犠牲は、此の壇上に於きまして如何なる人の口舌を以てするも、其の万分の一をも尽すことは出来ないのであります」という一節もあった。軍部は国民の苦しみなど一顧だにせず、事実を知らせず、ひたすら聖戦、聖戦と叫んでいるだけだと説いたのである。

その口調は、かつての粛軍演説よりさらに厳しく、そして重々しい怒りが内在していた。議事録を読むと、たしかに拍手がないわけではないが、議場の空気は三年九ヵ月前とは様変わりしていた。

斎藤の反軍的な表現に、「やめろ、やめろ」というヤジ、「要点だけを言え」との怒声、斎藤の演説を妨害する親軍派の議員の罵声が浴びせられる。それに混じって拍手が響く。小山松《こやましょうじゅ》寿議長が「静粛に願います」と何度も議場のヤジを抑えようとするのである。議事録にはそのようなヤジがいかに多かったかが記録されている。

演説が終わると、議長は奇妙な動きを示す。演説の中の「聖戦の美名」とある部分以下は削除せよというメモを書記官に渡している。軍への批判が露骨だと恐れたのであろう。その後、この削除をめぐって、あるいは斎藤の衆議院からの除名をめぐる動きも表面化し、国会内は混乱状態になっていく。陸軍省の政治将校たちは、「斎藤の演説は支那事変の聖戦目的を掲げる軍事への侮辱であり、十万の英霊に対する冒瀆である」と批判して、新聞記者たちを集めて怒りの記者会見を開いている。その動きを知った議会内の親軍派の議員たちはやがて斎藤の除名運動を起こすに至る。

そして、実際に斎藤は除名されてしまうのだ。

テロとクーデターの季節は終わっていたのに、実は四年前の二・二六事件までの季節がいかに日本の政治、軍事を歪めていったかの証拠が、抵抗者の闘いと受難が記された年譜に明らかなのである。

第四章　「血なまぐさい渇望」のクロニクル

――神兵隊事件から永田鉄山刺殺事件まで

「名誉ある孤立」への道

昭和五（一九三〇）年から一一（一九三六）年までの、テロやクーデターの既遂、未遂を含めて一〇件余の事件、事象が生起した七年間は、「暴力の季節」あるいは「戦争への序曲」と言ってよかった。国家や社会がバランスを失い、自己解体していく過程でもあった。

国民に強要されたのは、こうした行為の是非はともかく、その動機は至純であり、汚れていないがゆえに尊いという認識であった。この動機至純論は、テロやクーデターを肯定するだけでなく、日本の対外政策を支持する理由にもなった。

昭和六（一九三一）年九月の満州事変が関東軍の謀略によってなされたと国民は知らなかったが、日本が、満州国建国に対する国際社会の激しい批判に抗して、あえて国際連盟を脱退する挙に出たのも、こうした動機至純論に基づいていた。むしろ国際社会での孤立は、日本の正義に対する集団暴力の結果だとさえ考えた節があったのである。「名誉ある孤立」とはそういう意味であった。

前章では、そのなかで日本社会を鋭く批判した言論人の桐生悠々と政治家の斎藤隆夫について、その主張を紹介した。いずれも筋の通った論旨であり、彼らはそれゆえにこそ孤立したのだ。

五・一五事件の後もテロやクーデター計画が相次ぐのだが、その内実を精密に確認していくことにしたい。テロは連鎖するという命題が、見事に現実化しているのである。

大規模クーデター計画「神兵隊事件」

昭和八（一九三三）年七月に民間右翼の有力者による大規模なクーデター計画が発覚した。「その規模の大なることと破壊計画の凄じさに、検挙した官憲当局も為政者も思わず戦慄した」（『日本憲兵正史』）というのである。さらにこの事件の中心人物については以下のように書かれている。

「〔この事件は〕第二東京弁護士会所属の弁護士・天野《あまの》辰夫《たつお》を総帥とし、予備役陸軍中佐安《やす》田《だ》銕之助《てつのすけ》と愛国勤労党の同志前田《まえだ》虎雄《とらお》の協力によって、現政府打倒と維新政府樹立を目的としてクーデターを図った事件である」

いわばこれが、歴史の年表に刻まれている神兵隊事件の概略である。五・一五事件や血盟団事件とも性格が異なるクーデター計画であった。中心になったのは天野辰夫と前田虎雄だという。天野の経歴は、大正二（一九一三）年に東京帝大に入学、国家主権の憲法学者・上杉慎吉の影響を受けて国家改造運動に加わっていく。大正七（一九一八）年には、左派学生団体の新人会に対抗して、右派系の興国同志会を結成するなど、反左派の立場を明確にして政治運動に入っていった。東京帝大を卒業後は弁護士活動の傍ら、民族運動の活発な活動家としての歩みを進めていく。政治結社もいくつか結成している。政治論を吐くだけでなく、率先して活動を進めるタイプだったのである。

天野は、昭和維新運動の陣営では、弁護士の肩書も持っているだけに何かと頼りにされることも多かった。本書ですでに語ってきたように、血盟団には東京帝大生が何人か加わっていたが、そういうメンバーはいずれも天野の後輩に当たり、彼らからは昭和維新運動の先達として遇されてもいた。

加えて天野は井上日召とも面識があり、時局への認識はかなり共通していたのである。血盟団事件前には井上から自分たちの行動をそれとなくにおわせられていたともいわれている。ただ井上とは、事件を起こす相談などはしていないというのである。天野は血盟団事件の弁護団にも名を連ねている。

この天野と、もう一人の中心人物は、前述の前田であった。前田については、この事件に触れた書（『2・26事件と昭和維新』別冊歴史読本）からの引用になるが、「前田は（中略）〔満州で〕満鉄従業員養成所に入った。同所寄宿寮で井上日召と知り合い、やがて本間憲一郎〔五・一五事件に民間側から連座〕らも交えて国家改造の同志としての契りを結ぶ。組織活動をしたり、日蓮宗僧侶になったりする一方で、読書も重ねて研鑽を積み、国家改造の想を練りあげていった」というのである。

天野と前田は、五・一五事件の後、本間から紹介されて出会い、三人で事件後に成立した斎藤実《さいとうまこと》内閣打倒の行動を画策していた。しかし本間が、五・一五事件の決行者にピストルを提供した容疑で逮捕され、結局天野と前田の二人で神兵隊事件の行動計画を立てたというのである。

二人は何度も打ち合わせを行い、少しずつ計画を進めていったが、彼らは密かに同志を集め、右派の政治政党、現役の海軍軍人、さらには大学生、資金的には財界人の協力まで含めてのクーデター計画が練られていった。「昭和八年七月七日午前十一時」を行動の開始とする計画は、凄まじい内容であった。

行動を起こす団体は「神兵隊」と名乗った。襲撃目標人物は、以下のようになる。

斎藤実首相以下全閣僚、牧野伸顕内大臣、鈴木喜三郎政友会総裁、若槻礼次郎民政党総裁、海軍大将山本権兵衛《やまもとごんべえ》、こうした要人を「一挙に殺戮し」、「戒厳令公布」まで持っていくというのであった。

襲撃目標人物と襲撃場所を襲うための一番隊、二番隊、三番隊も決め、現役の海軍中佐が首相官邸と警視庁を空爆し、これを合図に地上部隊が動き始めるというのであった。海軍中佐の乗った飛行機は上空から檄文を撒き、そして宮城前に着陸するという。もしこの計画が実際に行われたならば、それこそ日本社会は混乱の極みに達したであろう。

さらに計画によるならば、一番隊の二〇〇人は警視庁を襲撃して占拠した上で、ここを神兵隊本部としようとしていた。そこを戒厳令の実施まで、とにかく死守するというのだ。

二番隊の六〇人は首相官邸を死守するのが役割だという。そして三番隊は各政党本部を襲い、初期の目標（襲撃、殺害など）を達した後は、警視庁の神兵隊本部に合流するという計画になっていた。

目指された「皇族内閣の樹立」

神兵隊事件は二つの行動計画を持っていた。「破壊」と「建設」の二面性とも言えるのだが、要するにこれまでの体制の徹底的な破壊、そして新たな体制の樹立である。これまで語ってきた計画はいわば破壊であり、これは前田が主になって担当することになっていた。

これに続くクーデターが、いわば建設になるというのである。建設は天野が担うことになり、行動を支える資金の調達、そして新政府樹立の役割を担当する展望が持たれていた。

この工作を進めるなかで、天野は安田銕之助という陸軍中佐と親しくなっている。安田は現役の軍人として、天皇親政を実現したいと考えていた。天野とは元々顔見知りであり、天野から神兵隊の計画を聞かされて納得する形で親密度を深め、作戦に参加する覚悟を固めたのであった。安田は東久邇宮《ひがしくにのみや》の御附武官を務めたこともあり、加えてこの頃は東久邇宮家の一角に住んでいたために、憲兵隊はなかなか逮捕できないという一幕もあった。天野は行動に直接、手を染めるわけではなく、安田と協力して皇族内閣の樹立を目指していた。前田らの暴力的な破壊工作が進むなかで、建設側の動きはもっぱら政治工作に徹した秘密行動であった。昭和天皇への上奏趣意書、建白書などの準備も進めたようであった。

皇族内閣がどのようなものかは明確ではなかった。皇族内閣と言うのだから、まさに天皇と近い勢力、あるいは天皇周辺の人脈を想定したであろうとは十分に予想することができたのである。一説では国家改造運動に挺身している青年将校が主張するように秩父宮を担ぎ出そうとしていたとの見方もあった。

だが、その詳細は不明だ。

天野と安田の人脈は、軍資金を集めることでは相当に強い筋とつながっていた。ある財界人から三万五〇〇〇円を引き出し、破壊を目指す前田らはこれをフルに使って、前述の計画に基づいて武器などの手配、入手が図られた。しかし、軍内の軍人との接点が薄かったために、銃器よりは日本刀、揮発油を揃えるなど、この方面では陸海軍の青年将校らとの接点がない弱さが露呈したのであった。

ただ、天野の動きを見てもわかるように、財界人のなかには国家改造の行動計画にかなりの興味を持っているものがあった。同時に前田が本格的に動き始めると、この計画に参加する意思を示す団体や右翼活動家が相当な広がりを持っていたことがわかってくる。

前述の『2・26事件と昭和維新』からの引用になるが、前田が最初に協力を求めたのは、もともと面識があり、井上日召とも準同志的関係にあった国家主権運動家の鈴木《すずき》善一《ぜんいち》である。

「〔鈴木は〕当時では右翼の中で最も組織の大きい大日本生産党（内田《うちだ》良平《りょうへい》、頭山満《とうやまみつる》らが幹部）の関東本部青年部長だった。この鈴木は直接行動部隊の組織化に大きな影響力を発揮し、前田とともに行動部隊の中心となる」

こうした形での広がりは、この時代にテロやクーデターを口にすることが別に不穏当ではなかったのではないかと思われるほどである。

しかし日時が迫ってくるにつれ、計画があまりにも大規模すぎることと参加人員の多さなどもあり、計画の進捗が予想どおりにいかないのではないかとの声も上がった。一説には西田税らのグループが、時期尚早と待ったをかけたとも言うし、それなりの数の参加者が離脱を申し出たとの説もある。そこで計画は少々縮小されたというのである。

決行の日は七月七日から一一日に変更された。動員も当初は三〇〇人とされたのだが、一五〇人となった。暗殺目標も減らし、さらに当初の警視庁襲撃もやめて、首相官邸だけを目標とすることになった。つまり首相の暗殺を企図して、皇族内閣を樹立するという狙いであった。この点では五・一五事件と同じような形になっていた。

それでも決行日前日（七月一〇日）まで、彼らの計画は表面化してはいなかった。つまり、警視庁の特高刑事らは計画を把握していなかったのだ。それなのに、どうして漏れたのか。その点を調べていくと、あたかもさまざまな偶然が重なっているように見えた。

『日本憲兵正史』には、次のように書かれている。

「七月十日午後八時頃、明治神宮講会館に祈願団体を装って集合した神兵隊同志は、初めて前田虎雄から計画を打明けられ、同志の大部分四十数名は同会館に一泊、一部は上野駅前旅館、牛込若松町の第二隠れ家などに待機し、爆撃班の山口中佐は館山航空隊にて連絡を待ち、天野辰夫は自宅にあって上部工作の準備を怠らなかった」

しかし計画は、この一〇日に全て露呈してしまうのである。

憲兵隊・特高警察の監視体制

神兵隊事件はどうして露見したのか。この事件の全体図を改めて整理していくと、時代の空気が確かに右派、左派を問わずに揺れ動いていたことがわかる。無論、神兵隊事件など現実には右派的な動きなのだが、一方で左派陣営も極めて暴力的であった。昭和三（一九二八）年の三・一五事件、昭和四（一九二九）年の四・一六事件などにより、共産党員やその同調者が一斉に逮捕されていた。さらに神兵隊事件の年（昭和八年）には、共産党員のプロレタリア作家・小林多喜二が築地署に逮捕されていて、拷問死をとげている。にもかかわらず、共産党員の反体制運動はヒロイズムをともなった運動へと変化していった。

神兵隊事件に参加する人材は、七月七日から一一日と予定が変更になったとの通知を受けて、前日の一〇日からそれぞれの自宅や友人宅で待機の姿勢をとっていた。さらにこの日の午後八時に明治神宮講会館に全員が集まることになっていた。計画の成功を祈って、全員で祈願を行うことになっていたのであった。

前日一〇日の午後八時ごろに、翌日の決行に備えて参加者が集まってくる。この参加者は、憲兵隊の捜査によると大日本生産党の党員、國學院大学生らなどであり、彼らによって行動隊が結成されていた。彼らの中にはこの日に、計画の総指揮官である前田虎雄からその内容を初めて聞かされた者もいたというのである。しかし明治神宮に一〇〇人ほどの人数が集まれば、憲兵隊や特高警察が目をつけないわけはない。しかも彼らの決行予定日（七月一一日）は、陸軍士官学校の卒業式であった。五・一五事件に参加した士官候補生なども、本来ならこの日に卒業することになっていた。

卒業式には、天皇の行幸が予定されていた。そのために周辺は憲兵や特高警察が鋭い目で監視していたのだ。決行者たちはそんなことは知らない。明治神宮に祈願して、それぞれの宿泊所に帰って明日に備えたいというのが本音であろう。一〇日は東京市内の監視態勢が、ひときわ厳しいものがあったことは、この計画が既に失敗に至る確率が高いことを示していたということであろう。

「しかも、当時、警視庁が最も恐れていたのが大日本生産党であった。したがって明治神宮講会館の集合が警察に探知されないはずはなく、たちまち計画が発覚して、十日夜十一時三十分頃に警視庁特高課の出動となって全員逮捕された」（『日本憲兵正史』）

まさに電光石火の検挙劇であった。検挙された総数は、最終的には九五人に及び、そのうち六三人が殺人予備罪、放火予備罪で起訴されている。しかし東京地裁の予審段階で、そのクーデター計画は内乱予備陰謀罪という罪状に関わることが確認されている。そうなれば一般の犯罪とは異なり、大審院の特別法廷に移される。いわば国事犯としての扱いを受けるということになる。

ちなみに陸軍の安田銕之助予備中佐は同年九月に大阪憲兵隊に自首した。

テロの活動資金と資本主義のメカニズム

さて、神兵隊事件の裁判などに触れる前に、この事件を通してどのようなことがわかるのか、その確認をしておかなければならない。さしあたり次のようなことが明らかになるのではないか。

1 血盟団事件、五・一五事件などの流れを汲む部分と、そうでない部分とがある。
2 多分に井上日召の思想的影響を受けている。
3 軍人は個人レベルでの関わりがある以外は、まったく加わっていない。
4 破壊（現体制への襲撃と殺害）と建設（維新政府樹立）の両面の達成を密かに企図していた。

このほかにもまだいくつかの特徴が見え隠れしている。たとえば資金提供については、天野や安田は二、三の企業の経営者に話を持ちかけ、多額の活動資金を引き出すことに成功している。計画の前から、ある企業の株価の動きがおかしいと警視庁は気づいて、自らの株を売りに出している経営者を調べ上げ、その経営者が青年将校や民間右翼と交流があるのか、あるいは現金のやり取りがあるのか、密かに調べ上げていたというのだ。テロやクーデターの行動を起こすには、極めて多額の行動資金を必要とする。いわば警視庁などの取り締まり機関は、その事前調査の手法がかなり精密になってきているということでもある。

これまでの血盟団事件や五・一五事件などを見ても、その行動資金は当時の金でも一〇〇〇円単位から万の単位まで必要としている。軍人は日々の生活そのものがテロやクーデターの準備にもなるし、必要な武器弾薬も目の前にあるわけだから、それを使えばよい。しかし民間人の場合には活動資金の捻出そのものがテロやクーデター計画の一端でもあった。神兵隊事件の場合、活動資金は財界人に頼み込む形になったわけだが、そういう場合を想定して警視庁は株価の動きを見ながら、不審な動きをする会社の裏側を調べ上げていたのだ。

神兵隊事件はそうした網に引っかかったケースと言うこともできるのではないか。そしてこうした資本主義のメカニズムを監視する取り締まり当局の暴走が、のちに重要な事件の伏線になっているように思うのだ。

神兵隊事件の九ヵ月後の昭和九(一九三四)年四月に起こった、大手繊維企業・帝国人造絹糸株式会社の株をめぐる贈収賄疑獄である帝人事件は、資本主義のメカニズムを監視している司法側の右翼勢力が自由主義的財界人を失脚させるために仕組んだ事件である。テロやクーデターの活動資金が次第に組織化、かつ資本主義のメカニズムそのものと絡みながら本格化していき、捜査当局もそれを見抜く目を持つことになっていく。

それは、テロやクーデターが決行者たちの正義感や歴史観だけで行われるのではなく、体制の補完としての役割、資本主義の延命化とも関わりを持つようになる予兆ではないかと思われるのである。あえてここで触れておくが、二・二六事件の時に、昭和天皇は商工大臣を呼んで、この事件が株価にどう影響を与えているかを尋ねている。それは昭和天皇が、こうした動きを見抜く目をこの頃には教えられていたとも言えるように思う。

天皇機関説を排撃せよ

神兵隊事件は、少なくともこれまでのテロやクーデターとは多くの点で異なっている。実際に計画を動かしたのは天野や前田、さらには鈴木善一らであったようだが、未遂に終わったとはいえ、計画内容の凄まじさだけは独り歩きしていた。とにかく全閣僚の殺害、要人の暗殺などを含んでいたからであった。こういう事件は実行されなくとも、計画が日本社会の指導者の間に流れていくだけで、社会のなかに次第に「恐怖」という感情が起こり、「沈黙」という結果が支配していく。あたかもそれが目的であるかのように、テロとクーデターによる威嚇の効果が生み出されていったのである。

さらに未遂であっても恫喝の役目を果たしたのは、裁判での光景であった。すでに五・

一五事件の裁判の様子については書いてきたが、そこでは「涙」が主人公になって、まるで決行者の側が救国の英雄になっていくがごとき光景が繰り広げられた。まさに被害者が責められていくような法廷であった。神兵隊事件はもともとは殺人予備罪などの刑事犯として裁かれるように進んだが、内乱予備陰謀罪の方で裁くべきだとの弁護側の主張が通り、法廷は大審院に移った。

大審院の法廷は、昭和一二（一九三七）年一一月から始まった。実行者、関係者たちが検挙されてから四年が過ぎていた。この四年間、象徴的に言うならば、国事犯か刑事犯かを争っていたのである。国事犯になれば大審院でしか裁けない。昭和八年七月の事件が昭和一二年一一月に裁かれることになった。

これが意味するのはどういうことか。この四年間もテロとクーデターの時代であったということが一つ。同時に、昭和一一年二月の二・二六事件によって、テロとクーデターの時代が終わりつつあり、今度は日中戦争の時代に入っていたという歴史の推移を考えなくてはならない。

よりわかりやすく言うのであれば、国内のテロとクーデターが終わりを告げて、第二幕として国外にその動きが転化していたとも言えた。その頃、神兵隊事件は内乱予備陰謀罪として裁かれることになったのである。するとどういうことが起こるのか。

「〔大審院の〕法廷は荒れに荒れた。被告らが法廷を、昭和十年二月からにわかに政治問題化していた国体明徴運動の戦場とみなし、激しい公判闘争を展開したからである」（『2・26事件と昭和維新』別冊歴史読本）

法廷はまさに主客転倒の状態になったのだ。国体明徴運動とは日本が天皇中心の国家であることも主張する運動のことであるが、その意味するところは、実際には天皇機関説の排撃であり、天皇神権化の徹底である。被告たちは、裁判長に天皇機関説の排撃を要求して、裁判長の考えを確かめるという挙に出ている。裁判長の思想を問いただし、検事にも天皇機関説の排撃を要求したのである。それに満足のいく答えを返さないと、被告たちは激高し、退廷したり沈黙したりと法廷のルールなど守らず、揚げ句の果てに、裁判長を忌避するまでの抵抗を続けたのであった。その結果、天皇機関説排撃を、裁判長と検事団までが法廷で宣言するという異常事態になったのである。

裁判長も検事たちも、被告側からのいかなる質問にも答える必要はまったくない。それなのに被告たちを宥《なだ》めるように優しく話しかけたりするというのだから、裁判の威厳は根本から崩れ落ちていったのである。

昭和一一年二月二一日、つまり二・二六事件の五日前のことだが、天皇機関説を唱えた憲法学者の美濃部達吉は自宅を訪れた右翼団体の暴漢に襲われている。天皇機関説排撃運動により、美濃部は貴族院議員を辞職しているにもかかわらず、テロによって美濃部を亡き者にしようとする者がいたのである。こういう動きも神兵隊事件の司法関係者には恐怖だったのであろう。

神兵隊事件の裁判は、こうした当時の日本社会を覆う様々な暴力的空気を代弁するように進んでいった。しかもこの事件は、首謀者の天野が弁護士で、法廷戦術に熟達していたこともあり、裁判長や検事団への言説も巧妙な弁を用いての攻撃となった。そこには、自分たちはかつて昭和八年七月になし得なかった計画を、いまこの法廷で同じ目的をもって実現しようとするものである、といった発言まであった。まさに自省なき法廷戦術であり、検事や裁判長の側が被告側のご機嫌をうかがう態度に出る状態になったのである。

この裁判の法廷は、まるで被告である決行者が、裁判官を糾弾するような調子で進んでいった。被告側には三〇人近い弁護士が名を連ね、独特の論理で弁護活動を行った。被告たち六〇人余はいずれも天皇の絶対的神権説に立っていて、そのような国家建設を目指している。裁判官は、あるいは検事らは、果たしてそのような考えを持っているのか、被告たちを裁く権利があるというのか、と弁護側は詰め寄った。そこには、美濃部達吉の天皇機関説への批判が込められていた。法廷は、被告側が、裁判官や検事を裁くがごとき状態を描き出すことになった。実際に検事たちは、天皇機関説を排撃すると答えざるを得なくなっている。

五・一五事件と、基本的な枠組みは同じであった。つまりテロやクーデターの決行者が、国民に向かってキャンペーンを行うような状態になったのであった。

結局この裁判は三年余も続き、大審院で結審になるのだが、「被告全員はその刑を免除されることになる」（『日本憲兵正史』）。なぜこんなことになったのか。それには理由があるとも言えた。前述したが、陸軍側での同志であった安田銕之助中佐は、東久邇宮の御附武官をしていたこともあり、逮捕時は宮家のなかに住んでいたのである。憲兵隊はその逮捕にも怯みがちだったというのだ。

さらに安田中佐は、五・一五事件に民間側から参加した茨城県水戸市の愛郷塾を事件後に訪ねて慰めているという事実もあった。被告側が国家改造運動に理解を示していることは公然の秘密でもあった。まさに「愛国無罪」を作り出す空気が醸成されていたのだ。

こういう空気を受けて、未遂であるにせよ、その本質においてはほとんどクーデターと同質であるような事象や現象、あるいは光景が見られるようになった。時代の様相はまさに病的な構図を呈し始めたと言ってもよかった。そうした例を挙げておこう。

学生たちによる「救国埼玉青年挺身隊事件」

昭和八年一一月、神兵隊事件の四ヵ月ほどのちのことになるのだが、埼玉県川越市で愛国団体の青年たちが逮捕されている。まず『日本憲兵正史』からの引用になるのだが、「『救国学生同盟』は、昭和八年十一月十四日、埼玉県川越市の劇場『鶴川座』で政友会の関東大会の行われる際、総裁鈴木喜三郎以下の幹部の暗殺を謀って、前日に劇場の前の空家に潜伏中に、警察当局によって逮捕された。これが『救国埼玉青年挺身隊事件』である」。

とはいえこの事件は実態がはっきりしていない。計画そのものは存在したようだが、その決行グループとなると不明点も多い。ただテロに対する社会の甘さや、先行している各種の事件（血盟団事件、五・一五事件など）が必ずしも社会的に批判を浴びているばかりではないので、右翼側の青年たちには刺激を与えたということもできるであろう。

事件の概要については、前述の『日本憲兵正史』や松本清張《まつもとせいちょう》の『昭和史発掘』に収められている資料などをもとに、その外観を整理してみよう。

五・一五事件のあと、憲兵司令部は密かに青年将校の動きをかなり精密に監視することになった。陸軍側から見るならば、海軍の青年士官の行動に呼応して不穏な行動に走るものがいるのではないかと疑ったのだ。この報告書の内容が、松本清張の『二・二六事件（第一巻）』にも紹介されている。それを引用すると、川越で逮捕者があっただけでなく、東京でもそれぞれ数名ずつの逮捕者があったという。この逮捕に関連して陸軍の青年将校である栗原安秀中尉が、憲兵隊から取り調べを受けていた。

報告書には次のような記述があった。

「栗原中尉は十三日東京隊に出頭取調を受け、左記要旨の陳述をなす。

『川越事件〔埼玉挺身隊事件〕其のものには中尉は全然関係なきも、今春以来彼等を指導し来れるは事実にして、数回に亙り四百円位支出せり』

而して警視庁並埼玉県側の取調べも概ね符合せるを以て、十四日中尉の身柄を所属長に委《まか》し、十五日中尉居宅の家宅捜索を実施せる所、拳銃四、弾薬若干を発見せり」

このテロ計画には、何人かの青年将校も関わった形跡が窺えるのだが、憲兵の報告書や資料では栗原の影が最も目につくのである。発見された拳銃も一挺は栗原のものであった。栗原は民間側の学生グループなどと接触したのだが、その経緯は次のようになる。

憲兵側からの調査に基づいての事件の概要である。

日大法科の学生水上源一《みずかみげんいち》、拓大生の吉田豊隆《よしだとよたか》らは国家改造運動の一環として特権階級打倒を呼号し右派系の学生を集めて合法運動を進めていた。それが血盟団事件や五・一五事件に刺激され、こうなれば非合法運動もやむを得ないと考えるようになった。折から水上の同志の一人が、赤坂の歩兵第一師団の第一連隊に入営することになった。そこで隊付将校の栗原と接触するようになった。

こうしてテロ計画は練られた。その計画は、一一月一四日の政友会の演説会に出席する鈴木喜三郎総裁をテロの対象にするという内容であった。しかし同志としてのまとまりが十分にできていない上に、計画も不透明なところがあった。

栗原は第一師団歩兵第三連隊の同志の安藤輝三《あんどうてるぞう》など何人かに参加を持ちかけたという。計画の甘さや栗原の性急さなどから参加する意思を持つ者はいなかった。

結局、陸軍の青年将校は参加せず、栗原自身も孤立した状態で水上や吉田らとの間も悪くなり、共同行動はとらないことになった。水上や吉田などの学生グループが計画を実施しようとして失敗したことになる。この失敗も、実は憲兵隊が栗原の動きを通じてほとんど計画の全容を知っていたというのだ。『日本憲兵正史』からの引用になるのだが、正直に次のように書いている。

「栗原中尉の言動を監視していた憲兵によって、吉田豊隆、水上源一らの学生集団の行動も、ほとんど憲兵隊に筒抜けであった。したがって、栗原中尉のクーデター計画は、憲兵隊にその内容まで看破されていた。（略）ところが、憲兵の動向を察知した栗原中尉は、同志を前にして、『われわれは絶対に憲兵隊に検挙されるはずはない。自分たち青年将校の背後には荒木〔貞夫陸相〕の支援があるからだ』と豪語し、このことを知った憲兵を口惜しがらせた」

栗原がこうした言を吐いたのは、憲兵隊が自分の行動を調べて連隊長や師団長に報告していても、それがそのまま自分に伝わってくるということがあったからである。「憲兵隊ごときに」という栗原の態度に怒りを充満させたと、当時の憲兵隊員の一人が心中を私に告白していた。昭和五〇年代初めのことである。

憲兵隊が気にした「軍人がいるかどうか」

政友会の演説会を狙ったテロに、栗原は参加しなかった。陸軍の軍人は決行グループにまったくいない。そのため憲兵隊は出動せず、警察に連絡している。それで演説会前日に警察が学生グループを逮捕したというのがこの事件の実像であった。

もし栗原が参加していたらテロ計画はより大きくなり、相当数の憲兵隊が出動して、年譜にはより大きく記述される事件となっていたであろう。と同時にこのテロ計画未遂事件にまつわる動きは、いくつかの不気味な教訓を与えている。昭和初期のテロがどのようなものだったのか、図らずもその構図を私たちに教えているのである。箇条書きにしておこう。

1　憲兵隊は陸軍内の青年将校による非合法の動きを極めて正確に調べている。
2　青年将校の中心人物はテロやクーデターが陸軍上層部の支持を受けると信じている。
3　民間の国家改造運動に加わっているものの多くは行動への渇望状態にある。
4　血盟団事件、五・一五事件、神兵隊事件（未遂）などの行為、法廷闘争に刺激されている。
5　テロやクーデターなどは昭和維新達成のための義挙である。

さしあたりこの五点を見ていくと、この期の時代の歪みから人心の荒廃が見えてくる。そしてこれが重要なことなのだが、憲兵隊は事件の計画を事前に知っても、その計画に軍人が加わっていれば、警察には教えない。自分たちで解決する。そのかわり軍人が一人もいなければ警察に知らせて調べさせ、逮捕させる。そこに軍の巧妙な計算がある。

そしてさらに重要なことは、昭和五年の濱口雄幸首相暗殺から始まったテロの時代は、昭和一一年の二・二六事件まで続くのだが、その間、憲兵隊は共産党などの反体制派の動きをつかもうとし、そしてそれが軍人の動きと連動する接点を懸命に探っている気配があった。

そういう例を挙げてみよう。

栗原が、歩兵第一連隊（歩一）で行っている幹部候補生教育の内容が共産党機関紙『赤旗』に掲載されたことがあるという。これについて、「明らかに歩一内共産分子の情報提供である」と『日本憲兵正史』にある。実際に歩一内に共産分子がいたとは思えないが、栗原に対しては、意図的か否かは別にして、さまざまな中傷が飛び交ったとも言えるのである。栗原は、さらに外部の勢力とも関係を強めていたと見なされていた。

明治一七（一八八四）年に重税、借金に抗して秩父困民党が決起した事件があったが、この困民党の流れを汲む者と、栗原は接触していたとも言うのだ。こういう噂は意図的か、あるいは憲兵筋が流した情報かは不明にしても、とにかく栗原はターゲットにされていたようであった。これは栗原か他の誰かは不明であるにしても、二・二六事件の一週間ほど前、青年将校の一人が東京都内でソ連大使館の館員に会ったという説がある。私も調べてみたが真偽は不明であった。いずれにせよこういう噂は、事件を共産主義者のせいにする陰謀論として、当時はよく語られていたのである。

救国埼玉青年挺身隊事件はこうして何らの具体的な形をとることはなかった。しかし重要なことは、陸軍の青年将校のなかで、とにかく決起すべきと主張する一派は、しきりに実行の機会を窺っていたということであった。栗原が民間側の学生たちに「われわれの後ろには荒木がついている」と豪語したように、陸軍内部の皇道派を率いているがごときの荒木貞夫などの名前が表に出てきたのである。陸軍内部の対立がこのあと公然化していく。

二・二六事件の出発点としての「陸軍士官学校事件」

昭和初期のテロやクーデターの連続した惹起は、次第に軍内部の対立に行きつき、そしてその計画や実行そのものが極めて血なまぐさい色合いを帯びるようになった。軍事というのは、その本質がクラウゼヴィッツの『戦争論』が指摘するように、自らの政策プランを実行するための暴力行為そのものということにもなるように思うのだ。

昭和九、一〇年、そして一一年には、民間側のテロに代わって、軍内部の暴力行為が前面に出てくる。いや、軍内部で対立する派閥がその主導権をめぐって公然と争いを始めたのである。

初めに指摘しておくが、昭和九年一一月の陸軍士官学校事件、一〇年八月の永田鉄山刺殺事件、そして一一年二月の二・二六事件と続く陸軍のテロ、クーデター（未遂）事件は、謀略、殺害の模範的と言えるほどの事件であり、事象である。こういう事件がほぼ毎年のように起きるのは、陸軍の士気やモラルが極度に低下しているということになるだろう。あるいは派閥争いが激化していくことが読み取れると言ってもよいのではないか。

昭和九年一一月に起こった陸軍士官学校事件を通して、陸軍の派閥抗争がやがて血を見るような状況に変化していくのを確認しておきたい。

陸軍士官学校事件とは、青年将校の間に、陸軍士官学校の生徒を使った過激なクーデター計画があるとして、東京憲兵隊が生徒の佐藤勝郎《さとうかつろう》以下五人を、さらに陸軍大学校学生の村中孝次大尉と野砲兵第一連隊一等主計の磯部浅一、そして士官学校予科区隊長の片岡太郎《かたおかたろう》中尉の三人を逮捕した事件である。

しかしこの事件は現在に至るも真相はわからないとされている。憲兵隊の資料、記録文書（例えば『日本憲兵正史』など）を見ても、「〔一連の逮捕劇は〕十一月二十日事件とも陸軍士官学校事件ともいわれるデッチ上げ事件である」と断言しているほどだ。たしかにクーデター計画の内容はいささか誇大すぎる点がある。

軍法会議で明らかになっていくプロセスにおいて計画は次第に拡大解釈されていったと、憲兵隊側が戦後に著した記録には書かれている。

青年将校たちの決起プログラムでは、襲撃目標が第一次と第二次に分かれていた。第一次では、「斎藤実、牧野伸顕、後藤文夫《ごとうふみお》、岡田啓介《おかだけいすけ》、鈴木貫太郎、西園寺公望、警視庁」となっていて、天皇側近の要人と海軍出身の議会政治の尊重派が狙われている。次いで第二次では、「一木喜徳郎、伊沢多喜男《いざわたきお》、湯浅倉平《ゆあさくらへい》、財部彪《たからべたかし》、幣原喜重郎」となっている。やはり天皇側近と海軍、外務省の国際協調派が対象である。軍法会議に示された当時の憲兵側の資料がこういう具合に大きくされていったというのが戦後の解釈で、さらに次のように書かれていると言うのだ。

「襲撃時期は当初臨時議会前の予定でありしも、臨時議会中または通常国会の間に決行することに延期したりやの聞込みあり。動員兵力は〔青年将校の〕同志関係であるが、主力は歩一、歩三、近歩三に、栗原中尉の率いる戦車第二連隊及び歩兵学校在学将校も出動する」（『日本憲兵正史』）

なぜこういう計画になったかといえば、青年将校の間の雑談ではこの種のクーデター計画がやや大げさに話されていたというのが真実に近いだろう。繰り返すが戦後の憲兵側の証言では、本来はここまでの生臭い計画などなかったのに、士官学校の生徒たちのなかに自分たちも加わりたいという渇望があったために、いつのまにか思い込みが計画として語られるようになったというのである。

さて、この陸軍士官学校事件がまったくの出鱈目《でたらめ》なガセネタだったのかというと、必ずしもそうとは言い切れないと断じたのが、松本清張の『二・二六事件（第一巻）』である。清張は、二・二六事件の前段階として、この事件をあらゆる角度から調べ上げて、この事件はまったくの空中楼閣などではなかったと言った後に、「村中、磯部らにはたしかに如上《じょじょう》の計画の機運はあるにはあったのだろう。だが、それはまだ具体的ではなかった」という見方でこの事件を分析している。

そして清張は、この事件は二・二六事件の出発点であった、とはっきりと断定している。それが的を射ていると私にも思えるのであった。清張の分析はそれほどまでに精緻を極めている。以下は、その立場で見ていくことにしてみよう。

皇道派と統制派の権力闘争

これまで陸軍士官学校事件の概要について、当事者の具体名をさほど出さずに記述を進めてきた。それは事件に謀略の疑いもあるとみるからでもあるのだが、その反面で、クーデターをめぐっての権力闘争が一段と激しくなっていたことを明確にしておかなければならない。

初めに昭和九年九月一日に陸軍士官学校の第一中隊長に辻政信《つじまさのぶ》大尉が赴任してきた。この第一中隊には三笠宮殿下が在籍する予定になっていた。この時の陸軍士官学校の幹事（副校長）は東條《とうじょう》英機《ひでき》であったが、東條は辻に対して、この学校に関わる将校には皇道派が多いから一掃してしまえと言ったとの説もある。

当時軍内で権勢を誇っていた荒木貞夫や真崎甚三郎らを領袖と仰ぐ皇道派の青年将校を追い払えとの役割が、辻には与えられたと言ってもよいであろう。いわば統制派の尖兵ともいうべき役割があったと見てもよいのではないかということである。

そういう辻に、士官候補生の一人、佐藤勝郎が相談事を持ちかける。

「自分の中隊ではないが、別な中隊の武藤与一が、村中大尉や磯部一等主計、さらには西田税らの影響を受けて、国家改造の企みを考えるグループを作っていて、自分も参加を勧められている」

辻は、こうした相談に応じつつ、当然ながら特別の計算を持った。つまり、佐藤に対して、これからもそのグループの情報を私に伝えなさい、と命じたのである。

佐藤の報告では、村中や磯部は西田税を通じて、北一輝の元へも顔を出したことがあるらしい。辻は桜会の橋本欣五郎などにも関心を持った時期があり、国家改造運動の実態についてはある程度詳しい。それで佐藤の報告を耳に入れた辻は、参謀本部の片倉衷《かたくらただし》少佐と憲兵司令部の塚本誠《つかもとまこと》大尉に、佐藤の話を伝えたというのである。

片倉に伝えたのは、当時片倉は、参謀本部の一員として青年将校と民間右翼の動きを調べていて、全国の師団や連隊を回り、不穏な動きをする青年将校の思想調査も行っていたからだ。

反皇道派という立場であり、結果的に統制派に肩入れする立場であった。

辻と片倉の人脈は反皇道派につながった。これも二・二六事件の伏線であった。佐藤は結果的にスパイのような役割を果たすことになった。佐藤は村中に近づき、あたかもクーデター計画に参加するような素振りを見せながら、どういう計画なのかを執拗に聞き出した。

それが前述の計画であった。先の襲撃計画が成功したならば、真崎と荒木の両大将を中心とした軍事内閣を作って次々と改革を行い、強力な親軍内閣を作るというのが最終的な目標というのである。表面上は五・一五事件と似ている点もある計画であった。

だが、この計画は本当に村中や磯部が考えていた案なのかとなると、いささか疑わしい。なぜなら佐藤があまりに執拗に「計画はあるのですか」「どんな計画ですか」とまるで取り調べのような尋ね方をしたというのである。村中はその執拗さに辟易《へきえき》して、日ごろ同志の青年将校と話し合っている実現性を度外視した展望をさりげなく話したということも考えられた。

ただ、こうした計画が憲兵隊の上層部にも伝えられ、辻の線で軍内にも広がっていくとなると、何も手を打たないわけにはいかない。加えて議会の開会前後に決行されると伝わっていったために、一一月二八日の議会開会までには計画者たちを逮捕しておく必要があるとの判断で、士官候補生や青年将校、およそ二〇人近くが逮捕されたともいうことができた。

逮捕の経緯を見ていくと、憲兵隊内部は皇道派にポストが握られていて、辻や片倉などの反皇道派は皇道派でない人物に報告をするなど、陸軍という組織が派閥抗争によって本来の機能を発揮できない状態でもあった。

事件の内実とその経緯を見ていくと、当時の陸軍内部にはあえてクーデターを起こそうと運動を進める青年将校グループと、それを利用して自らの考え方を押し通そうとするグループが、計算と謀略をめぐらし、さらには罠を仕掛けるなどの権力闘争を行っていたことがわかる。

村中は、佐藤と名乗る士官学校の生徒をやや甘く見て、いつ決起するのか、どんな形の決起なのか、と矢継ぎ早に問いただしてくるのを、「敢えて月並みな革新将校なら誰でも口走る内容を伝えた。ところが村中の話さないことが密告されたクーデター案には書かれている」(『日本憲兵正史』)という。

たとえば、決起には歩兵学校の将校を使うということで氏名が明記されているが、彼らはすでに任地にいなかった。村中が口にしたことのない将校が加わることにもなっている。『日本憲兵正史』は、これらはのちに書き加えられたのであり、それを行ったのは全国の皇道派将校の名を知っている片倉衷をおいて他にないと断じている。『日本憲兵正史』は昭和五〇年代に編まれた書だが、戦後においても皇道派の見方と統制派の見方が対立状況にあることがわかる。

陸軍士官学校事件の結末は、翌年（昭和一〇年）三月二九日に不起訴が決定した。士官候補生五人が退学、将校三人（村中孝次、磯部浅一、片岡太郎）は停職という形に落ち着いた。しかしこの処分に村中や磯部は納得できずに、その後いわゆる怪文書（「粛軍に関する意見書」）を出してあらたな闘争を始めている。それが二・二六事件への口火のような役割を果たしていくのである。

この事件は、辻政信が士官候補生を使って皇道派の日ごろの不穏な計画を探らせ、それを片倉衷などの反皇道派が軍内の権力闘争の一環として利用した。そして陸軍省軍務局長の永田鉄山が厳罰を唱えるという図式が浮かび上がる。

この三者の関係はどうだったのか。松本清張はその著『二・二六事件（第一巻）』の中で、「私は、結論的にいえば辻が事件をデッチ上げて片倉を味方にし、その報告を受けた永田がデッチ上げとは知らず、事実と信じて厳重処分に出たと思っている」と書いている。

永田は陸軍内部の抗争に終止符を打とうとしていたのだろう。それはとりも直さず、皇道派の跋扈に歯止めをかけようと企図してのことであった。

その永田が陸軍士官学校事件に決着をつけた五ヵ月後に、陸軍省軍務局長室で白昼に公然と刺殺される。片倉はほぼ一年後の二・二六事件において、青年将校にピストルで撃たれるのである。

テロとクーデターの時代はさらに先鋭化していった。

暴力と殺人と独善の支配する国家空間

昭和五年一一月の濱口雄幸首相へのテロから昭和一一年の二・二六事件に至るテロやクーデター計画は、大別すると軍人が中心の事件、民間右翼の側が主導権を握った事件に分けることが可能である。

神兵隊事件（未遂、昭和八年七月）までは民間右翼が中心になってのテロ、あるいはクーデター計画であった。昭和六年の三月事件、あるいは十月事件などは軍人が中心になっていたが、民間側も相応に親軍勢力の政権樹立に共鳴、共感していた事実もあった。

しかし昭和九年一一月の陸軍士官学校事件は、軍人だけのクーデター計画の形をとっている。この事件以降の昭和テロリズムの激流を既述した三段跳びの言い方になぞらえるならば、ホップが陸軍士官学校事件、ステップが永田鉄山刺殺事件（昭和一〇年八月）、そしてジャンプが二・二六事件（昭和一一年）という展開になるであろう。あるいはこの三つの事件は実は相関関係があり、互いに連鎖していて、陸軍内部の派閥抗争が最終的に爆発していくプロセスであったとの見方もできるように思う。

この一連の昭和テロリズムを俯瞰しつつ、この時代の日本社会が基本の部分から腐っていたとの見方をした場合、暴力と殺人と独善の支配する国家空間がこの時期に作り上げられたと言ってもいいように思うのである。それは最終的には、問答無用、戦争礼賛の道への誘い水だった。そしてそういう時代には、時代の空気に合致する人材（この場合は軍人になるのだが）が、政治的、軍事的な支配を握り、国民の側の欲求を一時的に満たす方向に走っていくのであった。

これから見ていく永田鉄山陸軍省軍務局長が白昼に公然と殺害されるテロ事件は、まさに軍人支配国家の典型的なケースだったとも言えるのであった。

「永田鉄山刺殺事件」の内幕

まず初めに事件の概要を記述しておこう。この事件については、多くの書に様々な立場から記述され過ぎている感があるが、昭和五〇年代初めに私は東條英機の評伝を書こうと思い、当時、存命していたかなりの人数の軍人に取材をした。その時に聞いた証言などによって、この事件について、ある程度、実像を知ることができたと思う。その時の証言なども合わせて、語っていきたいと思う。

この日、昭和一〇（一九三五）年八月一二日は、暑い日であった。陸軍省の裏門に近い二階が局長室であったというが、猛暑だったので各部屋は扉を開け、入り口には簾が掛けられ、扉の役割を果たしていた。

午前九時半頃であった。永田のいる局長室の入り口に姿を現したのが、相沢三郎《あいざわさぶろう》中佐であった。相沢は手にしていたトランクを入り口に置き、軍刀を抜き、簾の扉を通り抜け、衝立の横から特に言葉を発することもなく、局長室に入った。

永田は二人の部下から報告を受けていた。東京憲兵隊長の新見英夫《にいみひでお》、陸軍省軍務局兵務課長の山田《やまだ》長三郎《ちょうざぶろう》で、その報告とは、「〔当時軍内に配布されていた〕怪文書を始め青年将校と右翼に関するものであった」（『日本憲兵正史』）というのである。この怪文書とは、「粛軍に関する意見書」を指すのだが、磯部浅一、村中孝次が陸軍士官学校事件をあえて暴露し、これが三月事件、十月事件と比べると真相の点では曖昧であり、軍首脳はこの解明に努めよと詰め寄る内容であった。二人はこの怪文書を配布したとして免官になる。これが二・二六事件の伏線でもある。

永田鉄山

永田鉄山刺殺事件の詳細については、松本清張の『二・二六事件（第一巻）』が詳しい。
「永田は、入口から軍刀を抜いて入ってきた相沢を見ると、椅子からすっくと起ち上がった。永田は難を避けるように二人の将校のほうへ寄った。ところがその相沢に気付かなかったのかどうか、山田兵務課長はさっさとその部屋を出て行ってしまった。つまり、相沢が抜刀して闖入《ちんにゅう》したのと入れ違いに退室したのである。当然にあとで大問題となった。

山田は逃げた、と非難された。のちのことだが山田は自決している。一方で『日本憲兵正史』によるなら、山田は逃げたのではなく、「相沢中佐が侵入する数秒前に局長室を出て行った」と書かれていて、相沢が永田の他に二人いたというのは錯覚であったはずと補足しているのも興味深い。

相沢は、隣室に難を避けようとする永田の背中から刀を突き刺した。

相沢の日本刀は、永田の右肺部に刺さり、永田は応接用のテーブルの脇に倒れた。そこへ相沢はさらに日本刀で斬りつけた。左こめかみを斬りつけられた永田は、即死状態であった。相沢は日本刀を鞘《さや》に収めて、出血する自らの手の傷口をタオルで巻き、そしてトランクを持ち、整備局長室の山岡重厚《やまおかしげあつ》の部屋に入っていった。実は永田を襲う前にも山岡の部屋に行き、自分はこれから新しい赴任地の台湾に行くとの挨拶を行っていたのである。

決行後、相沢は再び整備局長室に行き、「永田閣下に天誅を加えてきました」と言い、これから台湾に参りますと報告しているのだ。これは憲兵側の書に書かれているのだが、山岡重厚は、「俗に皇道派といわれ、相沢中佐はかつて面識もあり、好意を寄せていた人物の一人である」（『日本憲兵正史』）という。

罪の意識がまったくない相沢三郎

こうして白昼に公然と軍務局長で陸軍省の幹部が一軍人に惨殺されるという事件が起こった。しかも陸軍省内部では、誰も相沢を取り押さえたり、身柄を拘束したりしていない。憲兵が乗り込んできて、相沢の傷の手当てをすると言って車に乗せ、九段下の憲兵司令部に連行していった。

連行の様子は、前述の松本清張の著作に詳しい。それによると相沢の身柄を拘束する人物はおらず、憲兵隊が病院に連れていくという形での連行だったという。憲兵曹長の一人が、「拳銃と軍刀をお預かりします」というと、相沢は「武士の魂だ。不浄な憲兵などに渡すことは出来ない」と拒んだという（前掲『二・二六事件（第一巻）』）。

こうしたやりとりを確かめていくと、相沢には罪の意識がないことがわかる。

「伊勢神宮の神意によって天誅が下ったのだ。おれの知ったことではない」

との言も何度か吐いている。憲兵の取り調べと、会話が嚙み合わない。自分の行為は神意に沿っているのであり、憲兵の取り調べなど夢にも考えていない、自分の行為は陸軍大臣か憲兵司令官に直接話せば容易にわかることとなんだ、という姿勢を崩さない。残された憲兵の手記などを読んでも、相沢は自らの行為は、神意に沿っているのであり、明治天皇の御遺訓によっての皇軍の軍紀を守ったとの主張を譲らず、永田鉄山という邪悪な存在を排除することによって、皇軍は正しい道に戻るという考えを確信していたことがわかる。

相沢はこの時四五歳、皇道派に近い立場の将校である。皇道派の青年将校ではないが、その時局認識、さらに皇軍意識は青年将校とほぼ一体化ができる状態でもあった。皇道派の考えを代弁していた。永田らの統制派には憎悪に近い感情を持っていることも窺えた。決行時の発言や考え方などは、のちの二・二六事件時の青年将校などとほとんど同一であることがわかる。

以上が、永田鉄山刺殺事件の決行者である相沢の実際の姿である。ここには決行者の独善や妄想、さらには独りよがりの自己正当化が見え隠れしている。むろんそれは皇道派の青年将校や中堅将校、そして幹部将校に大なり小なり見られる言辞でもあったのだが、永田が皇道派を目の敵にして潰そうとしていると噂され、それだけに永田への憎しみは増幅された節もあった。

血染めの軍服に誓った東條英機

この事件について、私なりに実感した史実や軍内の動きについて、あえて触れておきたい。皇道派と統制派の対立は、この事件によって互いに憎悪の関係に至ったというエピソードである。軍人の場合、そういう感情は決して氷解せず、軍内にいる限り憎悪は続くのである。その怖さを語っておこうということでもある。

永田鉄山が惨殺されたとの報は、永田に私淑している人物に深い悲しみを与えた。たとえば東條英機である。東條は、永田が惨殺された時には、久留米の旅団長であった。永田に私淑するだけでなく、永田の軍事理論、包容力のある人間観、それに人を惹きつける知性などに少しでも近づこうと努力していた。当然ながら皇道派の指導者、真崎甚三郎や荒木貞夫らに強い反感を持っていた。

ただ東條は感情的なタイプであり、きちんとした分析力を持っていないために、永田の側がどちらかと言えば東條を突き放して見ているとも言えた。

東條は永田が暗殺されたとの報を聞き、単独で東京に帰ってきた。そして靖国神社に近い旅館に部屋を借り、そこに腹心の赤松貞雄《あかまつさだお》大尉に、「永田閣下の軍服を持ってきてほしい」と伝言した。赤松は血染めの軍服を遺族から借り出して、その部屋に届けた。血濡れているだけでなく、軍服の心臓部分には断裁の跡もある。赤松は、東條が自らの軍服を脱いで、永田の血染めの軍服に着替えるのを見ていた。東條は、それを着ると、唸《うな》るように言葉を発した。「今に見ていろ。必ず復讐してやるから。必ず！」

東條はまさに、永田の軍事理論をもとにして新しい時代の実戦派の将校を目指したにもかかわらず、もともとの器の違いもあり、結局は「永田」にはなりきれなかった。血染めの軍服を着るという東條の行為は、皇道派の面々に対する公然とした怒りの発露でもあったのだ。東條は皇道派の要人を徹底して排除した。太平洋戦争の戦略は、そうした東條の視野の狭さをそのまま具現化したものであった。

皇道派に憎まれた永田鉄山

永田が惨殺された日の陸軍省は混乱の極みであった。その混乱の姿について、青年将校の磯部浅一は、前述の通り既に免官の身でありながら、陸軍省に偵察に出かけている。こういう時、軍人の本丸はどういう状態になるかと探るための視察であった。磯部の目に映ったのは、ただ混乱するだけの様子であった。既に記した通り相沢はすぐに逮捕されるでもなく、自由に省内を歩いているのだ。

磯部は、危機にあってこういう混乱しかない状態なら、同志が僅かでも陸軍省など簡単に制圧できると知った。いや自分一人でもなんとでもなるさ、というのが結論であった。

実際に二・二六事件では、いとも簡単に、陸相官邸などを完全に制圧している。

永田鉄山刺殺事件は、青年将校たちにクーデター実行への覚悟をさらに促し、彼らと、彼らを徹底的に抑えつけようとする東條らのグループとの戦いが血なまぐさい暴力となって現れる発火点となったのだ。

またこの事件は、この時期の日本社会の病んだ姿を浮かび上がらせる事態でもあった。テロやクーデターが起こる社会の状況は三つの言葉で説明がつくのである。

1　道理や論理に代わり感情が前面に。
2　議論より暴力が主体に。
3　平時と異なる価値観への傾斜。

さしあたりこれらがキーワードになるだろう。

永田鉄山事件は、陸軍内部の派閥抗争が予想されていたとはいえ、その残酷さにおいて二つの派閥間の憎しみが極めて強かったという事実を表す。相沢三郎なる一中佐が日本刀で白昼公然と陸軍省内部で軍務局長を惨殺するのだから、あまりにも異様だ。前述したように、相沢は皇道派に近い将校として陸軍省に入り、事件の前には省内の整備局長室を訪ねて、山岡重厚と面談して、台湾赴任の挨拶をしている。そして給仕に、「永田局長は在室しているか」と確かめている。在室を確かめて、山岡の部屋を出ている。相沢の異様な状態に対して、山岡は何らの抑制すべき処置をとっていない。永田惨殺後も誰一人として相沢の行為をとがめていない。

それどころか山岡などは、医務室に行って相沢自身の傷を治療してくるようにとなだめているほどである。全体に相沢に好意的な空気が軍内に広がっていくように感じられる。その分だけ、永田鉄山が恨まれていたとも言えることになる。

永田への憎しみは、皇道派の将校からの執拗な抗議にも表れた。

荒木貞夫や真崎甚三郎を領袖として仰ぐ青年将校は、皇道派による政権で皇国の純粋化を図ろうと企図している。そのためにはクーデターによる政権奪取を厭《いと》わない。それを妨害するのが軍務局長の永田鉄山である。彼に導かれている統制派の軍官僚たちをまずは軍から駆逐しなければならないと発想する。

青年将校の心理に火がつく

相沢によるこの事件が、当事者たちの意思は別にして、皇道派と統制派の対立による図式で語られるのは、二つの派閥の異なる国家観に、テロやクーデターによって決着をつけようとする段階に入っていたからと言うことができた。

直接の契機は教育総監の真崎の罷免だったと言えた。林銑十郎《はやしせんじゅうろう》陸相、閑院宮《かんいんのみや》参謀総長、そして真崎の三人による合議で一応は真崎は更迭となり、後任には渡辺錠太郎《わたなべじょうたろう》が座った。こういう人事について、青年将校たちや皇道派将校は、すべて永田の策謀によるものだと判断して、怪文書を撒くわ、永田に威圧を加えるわで、軍内は騒然とした状況になっていた。

相沢は永田惨殺の罪を問われての裁判で、自らの行動は神意による正義の行動であり、何ら罪に問われることはないと答えただけでなく、皇軍の軍紀粛正の契機になりうると判断していたことを繰り返している。さらに公判では、日ごろから永田を訪ねて辞職を勧告したり、北一輝系の西田税を訪ねては、皇道派の考えを吸収していたことも明らかになっていく。決行前には皇道派の幹部クラスの要人に会ったという説もあった。

こうした状況を分析していくと、相沢の性格は極めて直情的であることが窺えるのだが、同時に軍内には相沢のようなタイプを利用しようとする勢力があったこともわかってくる。無論これは皇道派、統制派という分類とは別に、軍内の力関係を通しての分析とも言える。政治的将校のタイプということになるであろうか。

一方で、青年将校の側では、相沢は英雄視されることになった。これは二・二六事件のあとに書かれた青年将校のリーダーというべき立場の磯部浅一の獄中手記の一つである「行動記」からの引用になるのだが、相沢が永田刺殺事件を起こした日、すぐに陸軍省に駆けつけて省内の様子を窺った。混乱しているばかりであった。そのことは前述したが、この時、磯部は次のような決意を自らに誓ったのである。

「〔混乱、無統制を見て〕情けない軍中央部だ、幕僚の先は見えた、軍閥の終えんだ、今にして上下維新されずんば国家の前路を如何せんという普通の感慨を起すと共に、ヨオッシ俺が軍閥を倒してやる。既成軍部は軍閥だ、俺がたおしてやると言う決意に燃えた」

同時にこの事件は、国家改造を目論む青年将校たちの間に焦慮と渇望の心理をかき立てたようであった。やはり磯部は書いているのだが、「在京の同志は一様に〔相沢〕中佐にすまぬ、在京青年将校の意気地のない事が天下の物笑いの種になるぞ、猛省一番せねばならぬ秋《とき》だ」との考えが広がっていったというのであった。栗原安秀、香田《こうだ》清貞《きよさだ》らの焦慮や、自らや村中孝次らの、永田らによる統帥権干犯（真崎更迭をこのように捉えていた）への怒りを増幅していったのである。

永田鉄山刺殺事件は、青年将校の心理に火をつけたということができた。軍内にはいつその火が燃え広がってもおかしくないくらい異様な空気が充満していったのだ。

軍人のクーデターは「殲滅戦」

軍内のこういう空気は、テロやクーデターの全面的肯定という側面も持っていた。民間側のテロにしてもそういう側面を持っていることは、井上日召などの考え方を見ても容易に頷けた。ただし軍人や兵士がそのような意思表示を行うことは、民間側のテロとは異なる意味を持っていた。永田鉄山の惨殺事件は、その相違点を教えていたとも言えるのである。

民間側の要人テロは、狙われるものが単数である。狙撃者も大体が一人である。殺害方法もテロだから残酷であるにしても、場合によっては致命傷にならずに病院に運ばれてひとまず命を失うことは防げるというケースもある。これに対して軍人が関与した場合、あるいは軍人が中心になった場合、殺害方法は極めて残忍かつ徹底的である。それは戦争という場面での「敵殲滅《せんめつ》」といった目的の行動が、そのままテロやクーデターにも応用されると言ってもよかった。この点が民間側のテロとの大きな違いであった。

軍人たち、特に戦場に出て行く兵士たちは、その行動を正当化するために「敵」を憎むという感情を必要とする。あるいは自らの正当性を絶対的に信じるという心理状態が必要なのである。この感情や心理が行動のバネになっていく。この時期の青年将校の感情や心理は、まさに行動のバネにいつでも転化できるような状態であったのだ。磯部浅一だけでなく、後の二・二六事件に参加する青年将校のほとんどはこういう感情と心理に入っていた。これが猟奇的な時代を形づくるのである。

まずはその点を確認しておく必要があるだろう。

軍内の派閥抗争は、一般社会には直接には見えてこない。説明しておかなければならないが、当の永田鉄山は、軍内に統制派などという派閥はないと主張していた。永田は殺害される前夜（八月一一日）、自宅の机で総力戦構想の原稿を書いていた。勉強家だったのである。実際に、真崎更迭の林陸相の人事案は、永田が後ろで糸を引いているがごとき捉え方は全くの邪推で、永田はそうした人事に直接は関与していないとの見方がある。

松本清張の『二・二六事件（第一巻）』には、この人事は閑院宮によるものであることが書かれている。

永田が前夜書いた原稿の中には、「自己擁護の私心に発する結束は派閥なり派閥は一個のみ存し他に派閥なし——己を以て他を忖度《そんたく》」（原文は片仮名）との一節があった。とはいえ荒木貞夫、真崎甚三郎らによる人事の専横に怒って抵抗した一派が存在したのも事実で、永田は結局そのグループの代表のように見られた。それが統制派と言われたゆえんであろう。

こうした軍内の様子は、一般の新聞などでは詳しくは報じられないので、国民は詳細は知らない。だが、主に新聞記者や官僚、それに財界人、大学教授などの知識人の間では、陸軍内部に不穏な動きがあることは知られていく。永田鉄山らのグループに連なるこうした層の人たちは、陸軍の軍人との勉強会で皇道派の動きも知ったりしている。

文芸評論を書き、大学講師を務めていた中島健蔵《なかじまけんぞう》の『昭和時代』を読むと、昭和一〇年ごろの世相が次第にギスギスしてきたことがわかる。美濃部達吉の天皇機関説排撃なども加わり、自分たちに対する弾圧も不可視の方向から可視の方向に向かっている緊張感が伝わってくるのである。

昭和一〇年三月三一日の中島の日記に次のような記述がある。

「われわれの危機が大きな不公正によって促進されつつある。自由がまた圧迫されている。こうなると、また闘争がはじまるほかなかろう。だれもいいださないのは、銃丸が、ピストルが、日本刀が恐しいからだ。われわれが黙っているのは、われわれの血がきわめて貴重であることを自覚しているからだ」

これは相沢事件の五ヵ月ほど前のことだが、社会全体に不穏な動きがあることを文学者の目は見抜いているのである。

さらに中島は、官吏の中からも日本の神話を基礎とする神道的国家主義を説く者が現れるようになり、やがて大きな事件が起こり、日本社会はすべて「片がつく」というのである。「片がつく」とは暴力が支配するファシズム社会が到来するということであり、知識人は次第に恐怖の感情のもとで、その口が封じられていくことが予言されている。そして実際に、日本社会は暴力によって蹂躙《じゅうりん》されるのである。

第五章　国家暴力というテロリズム
——死のう団事件の異観

あまりに異様な「集団割腹」

永田鉄山刺殺事件の半年後に二・二六事件が起こるのだが、その一〇日ほど前の二月一七日午後、東京市内で奇妙な事件が起こった。国会議事堂前、宮城前広場、外務次官邸前、内務省三階、警視庁前で五人の青年が一斉に割腹自殺を図ったのである。彼らは「死のう、死のう、死のう」と繰り返しながら、ビラを撒いた。その後、座り込んで、所持した短刀で腹を切った。いずれも未遂であった。いわゆる「死のう団事件」である。

この事件はテロとクーデターの相次ぐ時代を象徴する意味を持った。知識人が、前述した中島健蔵に見られるように暴力への恐怖を持つのとは対照的に、庶民のなかからは、そういう時代を逆手にとって、自らの存在を暴力によって表現する、突出した行為もあったのである。

死のう団事件は通常のテロとは異なり、いわば国家のテロに対して身を斬って抵抗した姿であった。この事件の裏側には意外な事実がいくつもあり、国家がバランスを失う姿が如実に示されていた。

死のう団事件は、確かに表面的には不気味であり、暴力が前面に出てくる時代の怖さも表していた。東京市内の主要な建物の前で、「死のう、死のう、死のう」と叫びながら、割腹自殺を行うのだから、異様と言えば、これほど異様なことはない。しかしこの事件を丹念に追いかけていくと、テロとクーデターの時代を象徴する内実が含まれている。

私は、一九七〇年代初めにこの事件を事細かに調べて一冊の書としてまとめたことがある（『死なう団事件――軍国主義下の狂信と弾圧』）。私にとっては、ノンフィクションの一作目でもあった。それだけにこの事件については、裏の史実もすべて知っている。

結論ふうに書くことになるのだが、この事件はテロやクーデターの連鎖する時代に連なるものである。ただしそのテロリズムとは、官憲によって行われる国家暴力であった。奇妙な表現を用いるが、「逆テロ」とでもいうべき事件であった。昭和五（一九三〇）年から一一（一九三六）年までのテロとクーデターの時代に、官憲側（この場合は特高警察ということになるのだが）もテロリストと同様の心理状態、行動形態になっていったということでもあった。思想犯に対する取り調べ自体、思想犯を時代の空気の写し絵のように仕立て上げるものでもあったのだろうが、特高刑事のなかには時代の空気のなかでテロリストと同様の心理状態になってしまう者も存在したということである。

死のう団と言われる宗教団体に集まった男女の青年層は、まさにその「逆テロ」の標的になったというべきであった。

活発な布教活動と「不惜身命」

この団体の正式の組織名は、もともとは日蓮会と名乗っていたが、この頃は日蓮会殉教衆青年党と称していた。日蓮の経典、あるいは教えに直接に従うという組織であり、いまどきの言い方をするならば、日蓮の教えに対して原理主義者であろうとしたことにもなる。彼らが口にする「死のう！」という合言葉は、「不惜身命《ふしゃくしんみょう》」を時代に合わせて嚙み砕いた表現であったというのである。

この団体は東京の蒲田区《かまた》（現・大田区）糀谷《こうじや》、さらには神奈川の川崎などを中心として青年層を軸に広がった宗教組織であった。指導者は江川桜堂《えがわおうどう》という三〇代の日蓮主義者であった。彼は浅草の統一閣などで学ぶ一方、日蓮の経典を読破した。やがて江川は、既存の宗教団体は信仰の原点を忘れて、この世に妥協するだけの権威主義的団体になってしまったのではないかと考えるようになった。そういう考えを蒲田や川崎などの駅頭で人々に向かってひたすら説き続けた。いわゆる辻説法である。

大正末期から始まった江川の説法は、労働者や勤労学生、さらには職人など、自分の生き方を模索していた若い世代に受け入れられた。日蓮の原点に返ろうとの説法に共鳴、共感する青年が江川の周りに集まってくるようになった。

昭和四（一九二九）、五（一九三〇）年には一〇〇〇人余もの会員が集まったという。むろん最初の頃は、「死のう団」などとは名乗っていない。しかし会員が集まってくれば、そこに指導者グループが形成される。それだけではない。宗教団体としての法的規制も受けなければならない。

江川の日蓮会は、そういうあり方を取らず、ひたすら経典の解釈を学ぶという団体であった。当初は直接の行動はためらう集団でもあった。

会員たちの街頭説法、それに経典の学習、その繰り返しだけでは運動に広がりがない、もっと全国的な団体にしていこうという声が次第に高まっていく。確かにこの頃撮影された日蓮会の街頭説法の写真を見ると、日蓮会の旗が乱舞し、さらに笛や太鼓の一団もいて派手な広宣流布の様子が窺えるのである。昭和五年の指導部に集まった会員の集合写真を見ると、老若男女が入り交じっての布教活動には活力があったことも伝わってくる。

日蓮会の広宣流布の手法が優れていたのは、蒲田には映画撮影所があり、その現場で働いている装置や小道具係、さらには映画の宣伝マンなどが加わっていたからとも言えるのではないか。

昭和のテロとクーデターの時代に入ると、こういう先鋭的な宗教グループのなかに、なにがしかの行動を求める者が一気に増えていくことになる。

加えて昭和七（一九三二）、八（一九三三）年には東京音頭が流行し、街中でレコードがかかると街の人たちは輪を作って踊り出すのである。盆踊りがごく自然に庶民の日常生活に飛び込んでいった。音頭と踊りは日常を超える世界への誘いでもある。

さらに昭和八年ごろの特徴だが、伊豆大島・三原山で心中事件が頻発している。庶民の日々の生活に自殺とか心中などがあっさりと溶け込んできたのだ。そういう風潮に影響されたのであろうが、日蓮会にも何らかの行動を主張する一派が現れた。

昭和八年の春、日蓮会のなかから「我々は不惜身命の精神で、それこそ死ぬつもりで広宣流布の活動に入ろう」と主張する一派が現れ、具体的な行動で全国への広宣流布を続けていこうとの方針が青年たちの間に生まれた。不惜身命をこの時代の社会的空気に合わせて、「死のう」というスローガンに集約し、その精神で全国に日蓮会を広めるために、有志が全国行脚を行うことになった。それを「殉教千里行」と名づけ、計画が練られた。

特高警察の残虐な拷問と「虚偽のテロ計画」

昭和八年七月二日、青年部員二八人が全員羽織・袴姿で、手に長旅に耐える樫の杖を持ち、頭に鉢巻きを締め、千里行の合言葉を口にして、横浜の杉田梅林に集まった。やがて金沢街道を歌を歌ったり、太鼓を叩いたりしながら行進を始めた。彼らの作詞作曲による広宣流布の歌や結束を固めるための合言葉を叫んでの行進であった。

その合言葉は、

我が祖国の為に、死のう！
我が主義の為に、死のう！
我が宗教の為に、死のう！
我が盟主の為に、死のう！
我が同志の為に、死のう！

というスローガンであった。奇抜な服装に、なんとも奇妙で不気味なスローガンを唱和して行進を続けるのだから、世間の注目を浴びないわけはない。逗子《ずし》の桜山《さくらやま》で休憩をとっている青年男女に、神奈川県警の警官二〇人余が現れて彼らを検挙し、バス二台に押し込め、葉山署に連行した。

神奈川県警の特高刑事たちが集められ、日蓮会の青年たちは分散留置されることになった。そんな時も指導者の一人が、「死のう！」と叫ぶと全員が唱和するのだから、やはり不気味な集団ではあったわけである。

神奈川県警は、「これは第二の血盟団事件だ」と判断して、日蓮会をテロリスト団体だと決めつけた。当時、神奈川県警の特高警察は、左翼、右翼にかかわらず残虐な拷問を行うことで恐れられていた。「カナトク（神奈川県警察部特別高等課）」という隠語じみた呼び名は、思想犯にはまさに拷問警察という意味だったという。

死のう団の青年たちはそんなことは知らない。こうして警察に捕まるのも「法難」であるという受け止め方だったのである。

青年たちがどういう拷問を受けたかは、彼らが釈放の後に詳細に書き残している。

そういう資料を、私はほとんど読んだのだが、実際にこんなことができるのかという凄まじい仕打ちであった。とにかくテロの団体にデッチ上げようというのだから、特高警察は、虚偽の計画を新聞などに次々と発表している。昭和八年七、八月の新聞をめくるとよくわかるのだが、東京日日新聞、都新聞、東京朝日新聞、国民新聞、横浜貿易新聞、読売新聞など全ての新聞に、死のう団なるテロ団体の計画暴露、大陰謀の内容などという見出しの下、まったく事実無根の計画が次々と報道されていく。

その計画なるものは、増上寺の焼き討ち、日蓮宗寺院の焼き討ち、日蓮宗の幹部殺害計画、田中智学、西園寺公望、田中光顕《たなかみつあき》などの暗殺計画などだったというのだ。盟主の江川桜堂に命を捧げての身だから命じられたら実行するという組織で、血盟団事件、神兵隊事件などに連なる危険な団体であるというのが特高警察の描いた壮大な虚報であった。

こうした虚偽のテロ計画は、この時逮捕された青年たちには考えも及ばない内容であった。ごく普通の平凡な青年たちにとって、日蓮の教義に自らを託するという生き方を目指しているのに、お前たちはこういう人物を殺そうとしているんだろう、白状しろと殴られる、蹴られる、柔道の道場に連れて行かれて何度も投げ飛ばされる。そういう拷問の連続で、言われたことに逆らっても仕方ないと、つまりは「はい、はい」と言われた通りに頷く以外になかったというのだ。

「殉教千里行」には女性も含まれていた。たとえば女子医専の学生だったり、家事手伝いの女性であったり、五、六人いたようである。その女性たちは釈放されると、ほとんどが錯乱状態になっていたという。

彼女たちは真っ裸にされて辱めを受けたり、性器に悪戯《いたずら》をされていたというのだ。

女子医専の学生の母親は、特高警察を訴えている。「カナトク」の拷問によって、娘が人生を棒に振ることになったというのであった。母親が訴えた訴状に添付した手記には、次のようなことが書かれている。

「〔目を離すと〕物を壊したり、茶瓶をがりがり食べてしまったり、ですから家中夜昼なし、惨状は目も当てられぬ有様で御座います。然し、変わり果てた娘の姿を見ますと〝おお、尤《もっと》もだ、尤もだ。赤裸にされてあんなひどい目に逢ったのだもの、気が狂うのが当り前だ〟

と存じました。〃誰も居ないのだからね、母さんだけなのだからね〃と幾ら言っても、ズロースのはき換えをさせません。足を堅く重ねて仕舞います。（略）それをまあよくも赤裸にして、大勢たかって、なぶりものにして呉れたと思い、なぶり者にされた娘の気持を考えますと、如何に歯を喰いしばって堪えても、泣かずには居られません」

この女性の妹、そして弟も千里行に参加して逮捕され、拷問を受けている。花嫁修業中の妹は拷問が元で、やはり精神のバランスを崩している。

弟は東京府立八中の四年生であったが、拷問で身体中が傷だらけであった。特高警察は、この学生はテロリストだと学校に言いふらし、退学を求めた。しかし成績が常に三番以内であるのを惜しんで、校長や教師たちが庇《かば》い続けた。日蓮宗の信者としての行動に確かに誤解を生む部分はあったにせよ、テロなどと無縁の青年たちが、特高警察にいいように弄《もてあそ》ばれたのであった。

死のう団による告訴の意味

死のう団に対する国家権力の「逆テロ」は、あまりにもひどいものだったので、死のう団が告訴状を提出している。さらに国会でも問題になった。特高警察のなかにも極端な拷問（女性に対しての性的暴行を含む）を批判する者が出て、自殺をして特高警察内部の粛正を訴える者も現れた。

この時代の異様さは、テロとクーデターに伴う暴力が、社会全体にはびこる状況になったことだった。

死のう団は特別にテロを企図していたわけではないとして、ほぼ全員が釈放となったのだが、団体はあたかもテロ集団のごとくに特高警察によって情報操作された。そのために、日蓮会と称していた頃の会員は一〇〇〇人近くに膨れ上がっていたが、新聞報道の後は常時会館に来て信仰の学習に励む者は五〇人近くにまで減ってしまった。実際にはもう活動が不能となってしまったのだ。

実際、残った者たちも奇異な行動をとったために、世間ではこの団体をより不気味な存在と受け止めるようになった。

たとえば神奈川県警察部の特高課から、没収した教団内部の文書の返却通知があると、盟主の江川桜堂以下一五人が黒衣を身にまとい、お題目を唱えながら受け取りに赴く。当時の特高課員たちが彼らの姿を見て逃げ回るという一幕もあった。そのあと彼らは一列に並んで鎌倉の八幡宮に参拝に出かけるというのだから、確かに人目は引く。彼らもあえてそういう異様な行動をとることで、広宣流布の意味を持たせていたのであった。

また、そのような行動それ自体が特高警察への抗議であり、自分たちを暴力で抹殺しようとする弾圧への抵抗の姿でもあった。

既述のように、拷問で錯乱した女子医専の学生の母親は、盟主（江川桜堂）と共に横浜検事局に出向いて、教団の名で告訴状を提出した。カナトクの課長を不法監禁の責任者として告訴し、課長以下十余人の警察官を人権蹂躙、不法監禁、暴行傷害で訴えたのである。この告訴状提出は昭和八年一〇月一六日であった。

これは五・一五事件の被告たちの裁判が始まり、次第に被告への同情が集まり始めた時でもあった。官憲への不信感もその一助であると言えるのではないかと私は思うが、とすれば死のう団事件の告訴もそういう雰囲気を醸成したと言えるのかもしれない。

しかし死のう団にすれば、この時から昭和一二（一九三七）年二月の割腹自殺（偽装）に到るまでの闘いの始まりでもあった。

当時、特高警察を告訴する団体、個人などほとんどいない。死のう団が告訴したことの意味は、歴史的には特高警察という国家権力が拷問という名のテロを繰り返していたとの裏付けになる。

この告訴は当時の新聞に大きく報じられた。『東京日日新聞』の神奈川版（昭和八年一〇月一七日付）からの引用になるのだが、見出しを見ても大仰である。次のようなおぞましい見出しが並んでいる。

「死なう団・特高課を告訴　裸女に火の拷問　姉は狂い妹も青春空し　母と盟主検事局へ『拷問はせぬ　裏にからくりか』特高課長告訴を一笑」

新聞各紙はほとんどこのような見出しになっている。この女子医専の学生の母親の告訴状を引用して、いくぶん同情気味に記事を書いている。同時に特高課長は、これには何か裏があるのだろう、拷問などするわけがない、なにしろ少々おかしい連中のことだから──と矛先をかわすのに必死になっていることがわかる。そう言いながら特高警察は、教団の会館に人を送っては、告訴を取り下げろと威圧をかけている。死のう団側はそういう懐柔にどういう人物が暗躍したかなど、詳細に資料を残している。

闇に葬られた拷問

私がこの団体に興味を持って取材を進めたのは昭和四〇年代の半ばであったが、そういう資料は死のう団の会員の家にそのまま残っていることを知った。その提供を受けて、特高警察が困惑している様子が事細かにわかり、なるほどと頷いたのである。

カナトクの拷問に対して、死のう団側は告訴で対抗する道を選んだのだが、警視庁からも「穏便に取り下げてもらえないか」と江川桜堂の元には執拗な圧力がかかった。しかし江川はまったく応じるつもりはないと毅然とはねつけている。警察の意を受けた右翼浪人が、暴力的に、「告訴を取り下げろ。長いものには巻かれろ、せいぜい泣き寝入りになるのがオチじゃないか」と怒鳴り込んできた時に、江川は「あなたは考え違いをしていますね。法華経の信仰を持つ我々と無信仰の刑事とでは、どちらが長いものか知らないのですね。我々の方が長いのです」と言い返したと、死のう団側の資料には記録が残っている。

告訴状を受け取った横浜検事局は、拷問の経緯やその事実を徹底して調べている。司法の面目を保つため、というのであった。新聞も「死のう団」への拷問には批判的で、検察の動きを詳細に伝えている。無論ここにはプロレタリア作家の小林多喜二が拷問死していることへの批判が陰に陽に影響を与えていた。昭和八年というのは、昭和史の年譜としては大きな事件がないように見えるのだが、実はこうした目に見えない事件や事象が時代の底流としてあったのである。

横浜検事局が、被害者への尋問やその家族への事情聴取を進めたのも、世論の厳しさに応えざるを得なくなってのことと言うことができた。検事局は、東京帝大病院の医師を連れて、女子医専の学生の診察なども行っている。新聞記者たちが、拷問の実態があまりにもひどいと激高していたことも背景にあった。ある新聞は医師の「拷問の傷痕歴然」との証言を大きく伝えている。

しかしこうした動きの後、検事局の反応はぴたりと止まった。特高刑事たちの取り調べに入るといった報道の後は、すべてが止まってしまったのだ。それについて死のう団側の資料によるならば、横浜検事局の検事正が特高の取り調べに激怒して、「警察の恥」と言うまでに至った。だが、その検事正は更迭され、死のう団の告訴は棚晒《たなざら》しとなった。カナトクの暴力は伏せられた状態になっていった。

死のう団は日々特高警察の監視、会員への退会の勧め、そして嫌がらせの尾行を継続され、何らの活動もできなくなった。刑事たちの拷問は闇から闇へと葬られることになっていった。これも死のう団側の記録に書かれているのだが、警察との仲介に立つと称して、神奈川県警察部の特命使の名刺を持つ人物が、「賠償金や慰謝料を出す、日蓮会を支援する」などの条件を示してきた。しかし江川は断っている。すると県警の警部が訪れて、相《あい》川勝六《かわかつろく》警察部長から告訴取り下げの条件を話し合いたいとの申し出を伝えてきた。

最終的に江川は、相川と会っての話し合いに応じている。その際、相川は自筆の「『死のう団』即ち日蓮会青年部を何等国法に触るることなき熱烈なる革新的宗教団体なりと認む」という文書を手渡して、これで収めたいと申し出た。

すると江川は、これはこれで結構だが、我々が逮捕された時に神奈川県警から報道機関などに出された通知、あるいは各機関に示された文書はどうなるのかと詰め寄っている。相川は頷き、そういう文書も取り消すとにおわせた。江川は、取り消すという文書に署名押印してほしい旨の要求をしている。渋々という形になるのだが、相川はそれを受け入れた。

文書は、昭和九（一九三四）年三月二四日付で作成された。二通作られ、一通ずつ所有することにもなった。しかし告訴取り下げのためにここまで妥協しているとの県警側の恩着せがましい言葉に場の空気は歪んでいった。そして、特高刑事の連名による抽象的な詫び状がさらに加えられた。江川は会員全員の了解なしに取り下げはここでは約束できないとはねつけている。そして手打ちと称してビールが持ち込まれ、乾杯しようとなった。江川と会の幹部の二人は、乾杯を拒んでいる。

テロ行為を行った特高警察の罪

さて、なぜ神奈川県警察部はここまでへりくだって示談工作を進めたのだろうか。あまりにも異常である。私は当時の資料や証言（昭和四〇年代後半の取材時には、県警察部の特高刑事たちのなかにも存命者がいた）を調べていて、その理由が不透明であったために、奇異な感を受けた。

そこでさらに詳しく調べると、次の三つの条件があるということが窺えたのである。

1　相川警察部長が内務省の保安課長に栄転が決まっていて、何としても告訴を取り下げたかったこと。

2　カナトクの主任が「死のう団はテロリズムの団体。時節柄のテロ団体として捜査すべき」という報告書をまとめた責任を取らされたこと。

3　拷問を受けて入院、治療をした会員の医療費は警察関係者らしき人物がすべて支払っていたこと。

神奈川県警察部はすべて裏側で処理をして事件が表沙汰になるのを一切防ごうとしていたのである。歴史的に特高警察が平気でテロを行っていることをなんとしても揉み消そうとしていたのである。このことは、昭和五年から一一年二月までのテロとクーデターの時代に、奇妙な一風景を描いていると言ってもよいように思う。

告訴の取り下げは、もっとも手ひどい拷問を受けた会員は、容易に受け付けなかった。しかも特高課員たちが連名で、何らの具体的な内容も書かずに単に申し訳ないというだけの謝罪文に、かえって態度を硬化させた。

加えて江川や会員が籠城生活を送っている会館に、カナトク主任のAが密かに訪ねてきた。Aは自分があなたたちをテロリスト団体だと書いて上司に報告したので、一連の事件が起こったと詫びた。さらに会員一人一人の手を取り、涙を流して詫びを繰り返している。「上司からテロリスト団体だと書け、と言われて書いた。しかしのちにそんなことは言っていないと言われ、私が全責任を負わされた。退職も促された。だから辞めざるを得ない」と何度も泣いたというのだ。

この一週間後、Aは鎌倉の山中で黒の羽織を纏い、短刀で割腹自殺して死んでいる。死のう団の会員が逮捕された時の服装と似ていた。この自殺を報じた新聞各紙は、死のう団事件の拷問の責任を取ってであろうと予測している。しかし県警察部は、「死のう団によるものではない。詐欺事件の取り調べが不適当だったため」と矛先をかわすのに必死であった。遺書には、退職金を死のう団の女子医専の学生にも渡すように、とあったという。

この事件のあと、示談取り下げ交渉は、結局実ることはなかった。金銭で解決しようという姿勢に、会員たちは激高して、交渉は沙汰やみになった。会員たちは伝手《つて》を頼り、政友会の代議士に実情を訴え、やがて衆議院でもこの問題が取り上げられた。逆に会員たちは、さらに特高警察に追い詰められ、そして捨て身の形で昭和一二年二月一七日の割腹事件を起こすのであった。その事件によって彼らは、自らの身をもって時代に抗議した実践的な活動家として年表に名を連ねることになった。

死のう団事件に関して言えば、特高警察こそが拷問という名のテロを行使したことは問違いなく、昭和のテロリズムとクーデターの時代の異形の様相をした「犯人」であったことも否定できないであろう。

第六章　テロから戦争への転換

――二・二六事件の残虐さが意味すること

岸田首相襲撃事件の不気味さ

令和五（二〇二三）年四月一五日午前一一時過ぎ、和歌山県の雑賀崎《さいかざき》漁港に遊説に赴いていた岸田文雄《きしだふみお》首相に、手製のパイプ爆弾のようなものが投げつけられるという事件が起こった。投げたのは二四歳の無職の青年、木村隆二《きむらりゅうじ》とわかった。この青年の目的は何か、首相へのテロを通じて、いかなる国家像を考えているのか、そういうことは明確な形では説明されていない。逆にいえばそれだけ不気味だとも言えるわけだ。

ここまで昭和前期のテロリズムの内実を追いかけてきて、テロリストの意図を探るためには、さしあたり三つの条件を考えるべきだと私は考えている。

1　決行者の年齢。
2　檄文があるかないか。
3　使用した武器。

この三つから、犯人の意思や自らの行為への意味付け、そして世間や時代に対して訴えたいことなどが明らかになる。つまり、テロリストたる所以《ゆえん》を分析する鍵であると言ってもいいであろう。ところが岸田首相をテロの対象にしていながら、実行者・木村隆二の真意が不明なのである。これは令和四（二〇二二）年七月の安倍晋三元首相へのテロを行った山上徹也被告と同様に、初期段階では決行の真意がつかみどころがなかったというのと類縁性がある。

昭和初期のテロの場合、決行者の年齢が二〇代前半であるならば、大体が自発的であるよりも組織の命令とか指示を受けてというのが一般的であった。そして檄文があるならば、なおのことその意味が強くなる。凶器は大体がピストルか短刀（日本刀など）となり、ピストルはほとんどが軍人関連のルートからの入手（直接、本人に手渡されているケースが多いのだが）ということになっている。この場合、決行者の中にはピストルではなく、短刀などでの殺害に独自の人間観を託する者がいる。本書で私は、血盟団事件の決行者（具体的にはテロに及ばなかったにせよ）の証言として、「刃で刺殺することで、その刃を通して殺害した人物の魂がこちら側に伝わってくる、いわば私が殺めた人は私の中に入ってきて生き続けることになる」という言葉を紹介したが、その倒錯した生命観もまたテロリスト特有の感覚なのであろう。

しかし今回の岸田首相襲撃というテロは、過去のそういう「原則」というものには当てはまらない。あえて付け加えておけば、一部の新聞報道によるならば、この決行者は二四歳で、参議院選挙に立候補しようとしたのだが、被選挙権は三〇歳以上であり、供託金も必要となり、事実上は立候補することができないことで裁判を起こしていたともいう。この不満により岸田首相襲撃に走ったとするならば、意外にその根は深いというべきかもしれない。

私はこの事件を耳にしたときに、すぐに昭和テロリズムとどう違うか、あるいはどこが同じなのか、を考えた。たとえば二・二六事件がこの事件と何らかの関わりがあるとするならば、どういう部分なのだろうかと考えてもみた。そして、二・二六事件というクーデター未遂事件に、何も知らずに駆り出された兵士たちの心情と、木村隆二はどこかで重なり合うのではないかと思えたのであった。

テロリズムに巻き込まれた下級兵士たち

二・二六事件は、昭和一一（一九三六）年二月二六日の明け方に陸軍の青年将校二〇人余に率いられたおよそ一五〇〇人の下士官、兵士が首相官邸、警視庁などを襲撃して占拠し、総理大臣の岡田啓介、大蔵大臣の高橋是清《たかはしこれきよ》、内大臣の斎藤実、侍従長の鈴木貫太郎、陸軍の教育総監である渡辺錠太郎などを襲い、惨殺、ないし重傷を負わせたクーデター未遂事件である。昭和天皇はこの決起に激怒して断固討伐を命じ、二月二九日に反乱軍は鎮圧さ

二・二六事件の反乱軍（提供：朝日新聞社）

れた。

　一青年による濱口雄幸首相暗殺から始まった暴力の連鎖は、二・二六事件によって終止符を打たれる。この間の傷痕は、超国家主義の到来、あるいはファシズムの幕開けと言ってもいいだろう。暴力が前面に出てきて、知的空気が萎んでいく時代と表現してもよかった。

　さて、この事件の暴力性を正当化するために、青年将校たちの用いた弁や、下士官、兵士たちの挙げた理由を見ていく必要がある。二・二六事件を検証するにあたり、これまで論じられなかった見方をしていくことにしたい。

　二〇人余の青年将校が事件の指導部を形成していたから、青年将校については、これまで多くの視点で微細に論じられてきた。二・二六事件といえば青年将校の意識を代弁すると考えられてきた。しかし、ここではまず下士官や兵隊がどういう考えを持っていたかを探りたい。彼らのなかには、事件直前まで何も知らされていなかったがゆえに戸惑いを持つ者が多かったのだが、困惑と不安と闘いながら、テロリストのような心理構造になっていったようなのである。その点をはっきりとさせておきたい。すると二・二六事件のある特異性が浮かび上がってくる。

事件に参加した部隊のなかに、第一師団隷下の歩一（歩兵第一連隊）、歩三（歩兵第三連隊）がある。無論この歩一、歩三の中隊全員が参加したわけではないにせよ、かなりの数の兵士が加わっていた。第一師団は東京市、埼玉県地方などの出身者によって編成されている。

昭和五〇年代に埼玉県の知事に畑和《はたやわら》が就任していたのだが、畑もまた新兵として第一師団に入営している。畑は埼玉県から入営していた兵士たちがどのような体験をして、戦後社会まで生き延びたのか、そのことを歴史上の記録として残さなければならないと考えて、その証言をまとめた大部の書を埼玉県史編さん室で編んでいる。その書は、昭和五六（一九八一）年二月一〇日に『二・二六事件と郷土兵』というタイトルで刊行された。

畑は序文の中で次のように書いている。

「実は私自身も蹶起軍の一兵士として参加した者の一人です。新婚二週間後の昭和十一年一月十日、麻布の歩兵第三連隊に入隊し、機関銃隊の初年兵として訓練を受けており、事件のときは第七中隊の兵士とともに警視庁を襲撃、雪の桜田門前で重機関銃を据えて警備にあたっていました。事件後参加兵たちは反乱軍兵士の汚名をきせられ、また厳重なかん口令がしかれ、更に五月には満州（中国東北部）警備のために渡満させられ、その後は日中戦争、太平洋戦争へと引き続き動員され、多くの戦死者を出すという悲運をたどったのであります」

二・二六事件の悲劇は一般兵士がクーデター要員に利用され、最終的には懲罰のような形で戦争の最前線に送られ、死を強要された点にある。知事としての畑は、その視点での資料を残すことを自らの責務としたのであろう。

この書で注目されるのは、入営して一ヵ月もしないうちに、クーデター要員とされた下級兵士たちの心理である。実際に要人暗殺の現場に立ち会った新兵たちは、どのような心境でテロリズムを受け入れたのだろうか。

毅然としていた鈴木貫太郎夫人

同書の中から、新兵の当時の心境を探ってみることにするが、昭和一一年一月一〇日に入営した歩三の第六中隊の二等兵Ｓは、侍従長の鈴木貫太郎襲撃の一員に組み込まれている。

兵隊となってまだ四〇日余しかなく、この日も午前一時に非常呼集がかかり、舎前で整列すると小銃弾一二〇発の他に缶詰などが手渡された。そして午前三時に兵舎を出て、行進を始めたという。新兵には行く先は知らされていないが、富士方面への演習に行くとばかり思い込んでいた。ところが東京の中心地に向かって行進している。

新兵たちも、この日は別の目的がある訓練なんだな、と思ったというのだ。

そして午前五時前に、東京市内の中心地にある邸宅の前に着いた。ここを攻撃することが伝えられた。鈴木貫太郎がいる侍従長官邸であった。

安藤輝三大尉に従って、正面玄関からの襲撃、下士官の指揮による裏口からの襲撃が始まる。Sもその襲撃班に組み込まれていて正面から入ったという。鈴木夫妻の寝室に入り襲撃したのは別な班のようだが、Sも拳銃音の方向についていく。そして目撃した状況を記述している。次のようにある。

「夫人は自分の布団の上に正座したままである。ここで安藤大尉は夫人に対しおもむろに昭和維新の断行を告げたあと、軍刀で止《とど》メをしかけると、夫人ははじめて口を開いた。

『お待ち下さい。あなた方は何故このような乱暴をなさるのですか。主人とて話せば判る人間です。止めは私がいたします！』

夫人は鋭い語気を含んでいいはなった。何と立派な軍人の妻女であろうか。安藤大尉は夫人の意見を尊重して軍刀を収めると全員に捧げ銃を命じ静かに引あげた」

こうした記述は、事件から何十年も経てからの一文なので、その時の心理上の生々しい戸惑い、あるいは率直な思いは薄れている。いわばテロの実際の場に居合わせた証言にしては少々整いすぎているということが言えるのではないかと思う。

そういう前提を抜きにしても、この一文には昭和最大のテロ、あるいはクーデターに参加した一兵士の「目」が反映していることは否定できない。鈴木貫太郎夫人の毅然とした態度にテロを行う側が戸惑い、行為をためらう状況が正直に語られている。

二・二六事件は昭和最大のテロであり、クーデターでもあったと言っていいのだが、この事件、事象は六つの局面から成り立っている。つまり昭和テロリズムはついにこのような複雑な局面で正常な社会感覚を崩壊せしめたのである。その局面とはどのようなものか。それを見つめることで、昭和初期のテロの本質が見えてくるように思うのだ。

その本質が現在にどう反映しているのか。少なくともそのような俯瞰図を描くことで、私たちは暴力が政治に近接してくる怖さを知らなければならない。

軍事主導体制へと変貌した日本

二・二六事件は、テロやクーデターの時代を終息させた出来事であると私は述べたが、

「終息させた」の意味は、国内での暴力を終えて、新たに対外政策が暴力化していったということだと思う。日本は急激に国際社会での暴力（いわば軍事主導体制）を前面に打ち出して、話し合いや外交に基づく政治姿勢を拒む国家へと体質を変えていったのである。

テロによって国の体質を変えていく様は、知性や理性が表舞台から姿を消してしまう過程と言うこともできた。その様子を以下の六つの局面で見つめておきたいというのが、本章のテーマである。

1　天皇と侍従武官長との間のやりとり。
2　陸軍指導部と決起将校の相克。
3　決起将校と下士官、一般兵士の関係。
4　陸軍指導部と海軍指導部の対立。
5　決起将校、一般兵士への国民の目。
6　日本の軍事クーデターを見る国際社会。

この六つの局面を詳細に見ていくと、このクーデター未遂事件がいかなる形の本質を抱えているかが明確にわかってくる。昭和五年の青年テロリストによる濱口雄幸首相の暗殺事件に端を発するテロとクーデターの時代に、十指を超えるほどの未遂、既遂事件があったが、それらの事件はこれほど多くの局面を分析する必要はなかった。

五・一五事件にしても、前述の六つの局面に照らせば、2と5を詳細に見ていくことで、テロの本質が容易に理解できた。

五・一五事件について、私は「ホップ、ステップ、ジャンプ」の三段跳びを喩《たと》えに使いながら説明したのだが、それは2と5が絡み合って形成されていて、首相暗殺というテロが政治勢力に利用され、国民は歪んだ暴力肯定論の追随者にされたという意味でもあったのである。一貫して流れていたのは、まさに「動機至純論」「暴力肯定論」そのものだったと言っていい。社会の枠内に暴力が入り込むのを避けようとする歴史意志に対し、「動機至純論」と「暴力肯定論」は、それをこじ開けようとしていたのだ。

そして二・二六事件は、社会に入り込んだ「動機至純論」や「暴力肯定論」という軸が陸軍指導部の側に奪い取られ、新たな派閥グループ（私はそれを新統制派と称する。具体的には梅津美治郎、東條英機、武藤章《むとうあきら》などを指す）がこの二つの大義をもって、軍事主導体制へと誘導していったのである。そういう視点で前述の六つの局面を確認していかなければならないと思うのだ。

この六つの局面で、テロやクーデターを支える二つの軸に最も有効な働きをするのが、

1と2になるのではないだろうか。もとより他の局面も相応に軸の補完役になっていると言っていいが、しかし特に1と2は重みを持つように思えるのである。それほど重要なのだ。

天皇と侍従武官長・本庄繁の対立

まず1について検証するならば、侍従武官長の本庄繁《ほんじょうしげる》は一貫して決起将校の側に同情的である。それにはいくつかの理由があるのだが、決起将校の側に加わっていないにせよ、国家改造を主張する青年将校の側に与している山口一太郎《やまぐちいちたろう》の岳父という立場であった。これはすべて事実というわけではないと思うが、山口は決起将校の側から岳父を通じて天皇を説得する役割を与えられていたとの説も囁かれ続けてきた。たしかにその説を裏付けるように、本庄は天皇にとんでもない私見を述べているのである。

その辺りは『本庄日記』に正直に書かれている。特に青年将校の決起に対する天皇の怒りは、この書が最も詳しい。それだけに本庄も、天皇の説得など及びもつかぬことだったということになるであろう。

事件が起きた昭和一一年二月二六日、天皇はすぐに本庄を呼んで、事態を詳しく報告するように求めた上で、反乱として征伐するように訴えている。『本庄日記』はそうした天皇の怒りを率直に認めて、次のようなやりとりを書くのである（原文は片仮名だが、引用にあたって平仮名に直している）。

まず本庄は、決起将校の行為は陛下の軍隊を勝手に動かしたものであり、統帥権の干犯は否定できないが、と前置きして、

「〔彼らの〕精神に至りては、君国を思うに出でたるものにして、必ずしも咎《とが》むべきにあらず」

これに対して、天皇は、

「朕が股肱《ここう》の老臣を殺戮す、此の如き兇暴の将校等、其精神に於ても何の恕《ゆる》すべきものありや」

と怒りの口調で答えている。天皇と侍従武官長の問答は、事件の起こった二月二六日から二九日の収束の日までの間に、それこそ数多くの会話があったとしても、このやりとりこそ真実の姿だったと言えるのではないか。改めて冷静に考えてみるならば、本庄のこの発言は、明らかに決起将校の側に立っていることがわかる。天皇の大権を犯した者の「精神」を理解してほしいとの意味は、まさに「動機至純論」から「暴力肯定論」まで認めよ、と天皇に詰め寄っているに等しい。

これまでの歴史研究は、本庄のこの発言について、極めて曖昧に片付けてきた。本庄の温情のように解釈する向きもあったように思う。それはあまりにも甘く、現実から乖離《かいり》し

ていると言うべきであろう。

二・二六事件の本質は、この点にあった。言葉を換えれば、天皇に最も近い立場の者にまで公然とテロやクーデターを肯定する軍事指導者が入り込んでいたのだ。昭和五（一九三〇）年から一一年までの日本社会の歪みはここまで危機的な状況にあったと言っていいであろう。

テロを肯定する論理がまかり通る状態を天皇は防いだのだが、この国はテロの連鎖の繰り返しのなかで、それに染まった人物が天皇の身辺にまで平然と跋扈するようになっていたのも事実なのである。

天皇は自らの原則的な立場を決して崩さなかった。一方で本庄は、繰り返し「動機至純論」と「暴力肯定論」を天皇に迫っている。だから次のようなやりとりを行っている。

天皇は、こんな感想を漏らしている。人間的な、あまりにも人間的な感情であり、その怒りの原点はこの点にあるとわかってくる。

「私がもっとも信頼する老臣をことごとく倒すのは、真綿で私の首を絞めるに等しい行為ではないのか」

本庄は答えている。

「老臣殺傷はもとより最悪のことですが、しかしたとえ誤解を生む動機から発しているとしても、彼ら将校はかくのようにすることが国家のためと考えたのだと思います」

「それはただ私利私欲のために行っていると言えるのではないか」

天皇はそう応じている。実は二・二六事件を昭和前期のテロの最終局面とみるならば、本庄繁という「反徒」が天皇を取り込もうとしていたことが浮かび上がってくる。まさに「昭和史は危機的状況にあった」と認識すべきであろう。


こうした事実を見ていくと、前述の1の、天皇と侍従武官長との間のやりとりにおいては対立と闘いがあり、それは通常考えられている以上に深刻であったと言えるのではないか。むしろ二・二六事件の本質は宮中内でのこの対峙に凝縮されていたと断言してもいいだろう。

「天皇親政」への目論み

そしてもうひとつは、2の陸軍指導部と決起将校の相克という局面である。この局面が二・二六事件が鎮圧されるまでに四日間もかかった理由である。無論この四日間には、その折々にドラマがあり、紆余曲折もあるとは言える。しかし同時に、陸軍指導部が天皇の「断固討伐」という方針をすぐに選択しなかったために鎮圧が遅れたと言っていい。その遅れの理由は、すでに記したように侍従武官長の本庄繁の態度にもあっただろうし、軍事指導部のなかには青年将校と気脈を通じている皇道派の軍人が多かったこともある。彼らのなかにはこのクーデターが成功するかもしれないと見て洞ヶ峠を決め込んだ者も少なくなかったはずであった。

軍部が民間右翼と結託する形でクーデターを引き起こすという事態を、昭和史はいくたびか経験している。それが現実に行われて、もしかすると成功するかもしれないと予想する軍人は少なくなかったのである。しかし天皇の意思の強さが知れ渡り、加えて「朕自ら近衛師団を率い、此が鎮定に当らん」（『本庄日記』）という発言が公然化すると、流れは一気に収束に向かっていった。

このような流れのなかで、軍事指導部と決起将校の関係には、極めて微妙な思惑を挟んでの対立、相克があった。

決起将校の側は、自分たちの決起のあとは陸軍の指導部に列している真崎甚三郎や荒木貞夫を担ぐことで、天皇親政の軍事内閣の樹立を企図していた。そのために決起将校の側にいる将校は事件前に、たとえば真崎などと会ってそれとなく政治的意思を確かめていたのである。

一例を挙げるが、磯部浅一は事件後に獄中で遺書に類する書き物をいくつか残している。その一つ「行動記」のなかで、事件の一ヵ月前に真崎に会って、それとなくその気持ちを確かめたくだりを記録している。

「〔昭和十一年〕一月二十八日、相沢公判の開始される早朝、世田谷に自動車を飛ばした。面会を求めた所が用件を尋ねられたので、名刺の裏に火急の用件であるから是非御引見を得たい、との旨を記して差出したら、応接して呉れることになった。真崎は何事かを察知せるものの如く、『何事か起るのなら、何も言って呉れるな』と前提した」

磯部は、相沢公判などでのご尽力を願いたい、と「金子《きんす》の都合」を申し出ている。活動資金の無心である。五〇〇〇円を都合しようということになったという。

真崎に期待し、そして裏切られるというのが二・二六事件のもう一つのドラマだが、磯部はそれをここで明かしているのである。

テロの時代に見られる「人材登用の悪化」

昭和五（一九三〇）年一一月に濱口雄幸首相はテロに倒れたが、手術が成功して一時的に回復したものの、翌六（一九三一）年四月に辞任した。完全な回復には至らず、同年八月に死去している。濱口は、帝大を卒業後、大蔵省に入ったが、上司との間がうまくいかず、一〇年弱にわたり地方勤務が続いたという。大正に入ってからは官僚から政治家に転じ、大正三（一九一四）年の大隈重信《おおくましげのぶ》内閣では大蔵次官に就任するなど、しだいに政党内でも重きを成すようになった。

立憲民政党の総裁としての政治姿勢は、金解禁を進める財政改革派であり、国際的には協調路線の推進者であった。ロンドン海軍軍縮条約の順守など、いわば米英との融和派でもあった。

私は高知市で濱口の生家を見たのだが、確かに苦労しながら学問に没頭した秀才児童の面影が偲ばれる勉強部屋であった。

昭和五年から一一年までの七年余の期間のテロ、クーデターをもう少し深く見ていくと、暴力事件には一定の法則があることがわかってくる。それは法則というより、むしろ日本近代史が見失ってきた原則のようなものだと言っていい。たとえば濱口雄幸首相の襲撃を分析しても如実なのだが、殺害される指導者は「刻苦勉励」「熟慮断行」「性格穏健」の真っ当なタイプが多い。特に、昭和の暴力の季節に暗殺の対象となった人物を見ていくと、そこに見事なまでに常識人のタイプが浮かんでくる。

前述の濱口雄幸、若槻礼次郎（十月事件）、幣原喜重郎（三月事件）、井上準之助（血盟団事件）、犬養毅（五・一五事件）などは、まさに人間的な資質の高さを誇っている。奇妙な言い方になるが、テロ、クーデター時代の後の軍事指導者と比べると、「人間の質」が違うと言ってもいいであろう。テロが連鎖した後の人材のひどさは、どの国どの時代も直面するであろうが、昭和テロリズム期の日本は顕著であるように思う。テロの真の怖さは、その点にもあると私たちは知るべきであろう。

つまり、前述した法則の一つとは、人材登用の形が悪化するということである。二・二六事件で決起将校の狙撃の対象にされた指導者（岡田啓介首相、鈴木貫太郎侍従長、斎藤実内大臣、高橋是清蔵相、渡辺錠太郎陸軍教育総監、牧野伸顕前内大臣）は、二・二六事件から太平洋戦争に行き着く期間の指導者と比べると、段違いに傑出していたと言っていいだろう。まさに昭和天皇が信頼する「股肱の臣」なのであった。

残虐な暗殺方法

こうしたことも踏まえて、昭和五年から一一年までの七年余の間に起こったテロ、クーデターの暴力の時代に見られる法則、あるいは特徴というのは何か。箇条書きにしてみよう。

1　近代史の非軍事に重きを置く指導者が肉体的に排除される。
2　テロやクーデターという暴力が連鎖し、連動する。
3　テロが続くうちに、殺害手段は残虐になる。

4　テロ、クーデターの後遺症は半永久的に社会に傷を残す。

5　国家への信頼感が一挙に失われ、回復に時間がかかる。

これらの五点は、二・二六事件に典型的に見られた現象であり、そしてその芽は日中戦争、太平洋戦争へと、戦争の時代に一つの形を作っていった。令和四年の安倍晋三元首相、令和五年の岸田文雄首相へのテロ事件は、昭和初期のテロやクーデターの暴力の季節の到来までには至らないだろうが、しかしこの社会に暴力を志向する芽が着実に根付いているのではないかと思う。私たちはその視点をもって二・二六事件を振り返る必要がある。

ここで、前述の五点のうちの3について、触れておきたい。

二・二六事件の特徴の一つは、要人暗殺の方法が残虐なことである。集団でピストルや機関銃で殺害した上に、さらに日本刀で斬りつけるという有り様である。それまでのテロがピストルで殺害するという極めてシンプルな手段であったのに対し、二・二六事件はその残虐さゆえに、遺族の怒りは極めて激しいものがある。

この背景には、テロは連鎖すると同時にその殺害方法がしだいに残虐になるという法則があり、それはあたかも決行者の意思が不退転であると示す計算があるかのようである。

襲撃の内実の確認となるのだが、岡田啓介首相の起居していた首相官邸を襲ったのは、決起将校の栗原安秀に指揮された歩兵第一連隊の機関銃隊であった。この栗原隊の二九〇人の下士官、兵士は午前五時には首相官邸を包囲している。そして機関銃を官邸に向け、首相の脱出を防ぐ作戦に出ている。

栗原本人が、のちに証言しているのだが、通用門から二〇人、裏門から六〇人、栗原自身が指揮する兵隊は表門から官邸のなかに入っている。襲撃隊に護衛の警官隊数十人も応戦し、撃ち合いもあった。この頃相次ぐテロに、警視庁も要人の護衛にはピストルを持たせ、場合によっては本庁にいる特別の護衛チーム（「新選組」と名乗っていた）が応援に駆けつけることになっていた。しかし新選組は警視庁襲撃グループに妨害され、動きは取れなかった。

襲撃隊は官邸の部屋部屋を探し回り、岡田首相の姿を求めた。結論を言えば、岡田首相は官邸の住人たちに巧みに隠された。代わりに義弟の松尾伝蔵《まつおでんぞう》が発見されて、襲撃隊の銃弾を浴びた。顔と腹に銃弾を浴びていた松尾は、中庭の一角に正座していた。岡田首相と誤認した栗原は、部下に止めを命じている。そこで兵の一人が、拳銃で胸部に、そしてもう一発は顔面に銃弾を打ち込んだ。栗原は写真と松尾を見比べながら、「首相に間違いない」と頷いたという。襲撃隊は「万歳、万歳」と連呼し、栗原が買ってくるように命じていた四斗樽を官邸に持ち込んで、自分たちの計画がうまくいったことに乾杯している。

官邸襲撃によって、襲撃隊と護衛の警官隊との銃撃戦が起こり、四人の警官が射殺されている。兵士たちの側には犠牲が出ていないのだから、護衛の警官は相当激しく抵抗し、そして殺害されたとも言えるのだろう。

正邪の区別を喪失していた青年将校たち

このクーデター未遂事件は、決起側の行為が残虐であっただけでなく、正邪の区別がまったく逆転していることもわかる。対象者を殺害する方法、さらには他の要人暗殺に見られるケースだが、銃撃した後に日本刀で斬りつける行為のおぞましさは、事情を知らないで参加させられた兵士のなかには生涯トラウマとなって残ったという話も聞かされたことがある。

官邸で酒盛りをする行為などもやはり正邪の区別がつかなくなっているということであろう。これは昭和七（一九三二）年の五・一五事件などとはまったく異なっていたと言ってもよいであろう。

さらに襲撃された要人たちへの残虐な殺害方法を見ていく必要がある。

内大臣の斎藤実は、海軍出身で後に天皇側近に引き立てられた人物である。昭和七年の五・一五事件の後は、総理大臣に推挙され、天皇に最も忠実な「股肱の臣」ともいうべき役割を担っている。斎藤を襲ったのは、歩兵第三連隊第一中隊の二〇〇人余の兵士を率いた坂井直《さかいなおし》の部隊である。坂井隊は、四谷にあった斎藤の私邸を襲って殺害した後、そこから杉並の渡辺錠太郎陸軍教育総監を襲うことになっていた。坂井は決起した青年将校の中でもまだ若く、この時は二五歳であった。直情的な性格であったという。

斎藤邸も護衛の警官がその身を守っていたが、一気に一〇〇人近くの兵士が襲撃に及んだとあっては、まったく動きが取れず、武装解除されている。襲撃隊は雨戸を外し、夫婦の寝室に押し寄せる。夫人は彼らの前にたち、「待ちなさい」と兵士たちを制した。しかし青年将校たちは、寝間着姿で出てきた斎藤に拳銃を乱射している。斎藤はすぐに倒れた。すると夫人は斎藤の身体に覆い被さり、「殺すなら私を殺しなさい」と叫んだ。

そういう夫人を押しのけて、彼らはピストルを、機関銃を乱射した。「天誅国賊」と呪文のように叫びながら乱射したというのだ。夫人が覆い被さっているために、その下にピストルを撃って執拗に止めを刺している。

斎藤邸の外に控えている兵士たちに、坂井は血だらけの手を示して、「国賊の血である」と高々と上げて見せたという。実はこの時にこの光景に立ち会った兵士からの直話になるのだが、「坂井中尉は血染めの短刀を示して何やら叫んでいた」との光景もあったようで、その残虐さはひときわ激しいものがあったと言えるであろう。

実はこの斎藤邸での残虐な光景と、高橋是清蔵相、渡辺錠太郎教育総監、鈴木貫太郎侍従長の殺害、あるいは殺害寸前の狼藉《ろうぜき》はほとんど重なり合う。昭和のテロとクーデターの時代の最後の出来事と言えるこの事件は、要人暗殺の総仕上げの意味もあった。その不気味さは、戦争という最大の国家暴力にまで拡大していくバネになったと言っていいように思う。

高橋是清蔵相が彼ら青年将校に恨まれたのは、日本の財政政策が軍事費の膨張のみに走ることに批判的であったがゆえである。高橋にすれば軍事膨張を続けていけば、国家財政の破綻だけではなく、この国の政治的システムさえも崩壊していくとの確信があった。しかし青年将校にはその緊縮財政、国際社会との協調はむしろ目障りであったのだ。

東京・赤坂表町の高橋是清邸には表門から中橋基明《なかはしもとあき》中尉と中島莞爾《なかじまかんじ》少尉が兵と共に襲撃している。実際に高橋を殺害したのはこの二人の青年将校であった。高橋は二階の寝室で睡眠をとっていたが、そこに中橋が「国賊！」と叫んで拳銃を撃ち、中島は日本刀で左腕と左の胸を突いたという。高橋はまさに即死であった。

短命な政権が続いた理由

近代日本を様々な形で救った長老を、旋風のように襲い、何の会話も交わさずに殺害するその残虐さは、繰り返すことになるが、テロとクーデターの動きが、無表情の下で一切のコミュニケーションすら放棄する冷酷さに至ることの現れでもあった。

二・二六事件がたどり着いたテロの結末とは、一体何を物語るのだろうか。次の三点をひとまずの「負の三要素」と見る社会的ルールが確立しなければならないと思う。

1 テロの行き着く先は、社会病理の蔓延である。
2 決行者の「正義感」が異様な形で歪んでいく。
3 テロ、クーデターを利用する政権は暴力的になる。

二・二六事件でひとまず暴力の季節は終わった。しかし実は昭和一〇年代を俯瞰すると、「負の三要素」を引き継いだ軍事政権が生まれ、暴力礼賛の政治が時代の正面に出てくるのである。

二・二六事件の残虐さはテロの行き着く先を示すことを論じたが、それが生粋の軍事政権が生まれる理由になったという見方は決して誤りではあるまい。二・二六事件から太平洋戦争開始に至る時期に中心的役割を果たす東條英機軍閥政権の誕生までの五年八ヵ月間に、どういう内閣が誕生したかを見ると、いくつもの歴史的教訓が浮かんでくる。

広田弘毅《ひろたこうき》、林銑十郎、近衛文麿《このえふみまろ》（第一次と第二、第三次）、平沼騏一郎《ひらぬまきいちろう》、阿部信行《あべのぶゆき》、米内光政と六人が続くのである。つまり延べ八回政権が変わったわけだが、その平均期間はおよそ九ヵ月と三週間というところである。あまりにも短命である。なぜこんな事態になったのか。

理由は簡単だ。陸軍が自らの政策が通らないとなると、内閣を潰したからである。「陸海軍大臣現役武官制」という刃を使って内閣を倒したり、親軍的な人物に内閣を委ねると気ままに内閣の更迭を急いだりしたのであった。二・二六事件そのものは失敗したかに見えたが、その実、軍事機構の指導者は事件を利用して、軍事独裁政権への道を進んだのである。

その理由をこの事件の残虐性に求めることができる。その点をもう少し書いておこう。岡田啓介（岡田と誤認されて実際に殺害されたのは義弟の松尾伝蔵）、斎藤実、高橋是清の殺害の実態に触れてきたが、あえて他の二人、鈴木貫太郎、渡辺錠太郎についても触れることにしよう。すでにその内容は知られているのだが、まずその襲撃の現場の模様と、それに対して、遺族の間には歴史的にどういう思いがあったのかを考えてみたい。

二・二六事件が生んだ「遺族の怒り」

テロはいかなる形で極私的な傷を残すのか、それを確かめるためである。

鈴木貫太郎を襲ったのは、歩兵第三連隊の安藤輝三大尉に指揮された二〇〇人余の下士官、兵士たちである。鈴木は侍従長の官邸に住んでいた。午前五時前に安藤や兵士たちが官邸を取り囲み、襲撃隊は表門と裏門から入り、護衛の三人の警官は抵抗の術《すべ》もなく身体の自由を奪われている。寝室と思しき日本間に鈴木貫太郎夫妻はいた。襲撃隊は鈴木を目掛けて拳銃を発射させている。肩、臀部などを貫通する傷を負った。最初の銃撃で重傷であった。倒れた鈴木を一五人ほどの兵士、下士官が囲む。さらに下士官が鈴木に銃弾を撃ち込んでいる。

この辺りの光景は、彼らの証言や判決文などから想像していくと、極めて乱暴であると同時に鈴木が即死しなかったことが不思議だと思われるほどである。安藤がこの場に入ってきたのは、この時であった。鈴木夫人のたかに、安藤は自分たちの決起の理由を述べたという。夫人は黙して聞いていた。安藤は、鈴木がまだ息をしていることを確かめて、「止めをさせていただきます」と申し出ている。

「もうこれ以上のことはおやめください」

とたかは言い、安藤も了解した。そして引き揚げていった。結局、鈴木は止めを刺されなかったために、死を免れた。この現代史の一コマが鈴木に歴史上の役割を与えたのである。

もう一人、テロの犠牲になった陸軍の教育総監・渡辺錠太郎の襲撃場面にも触れておく。東京・杉並にある渡辺邸を襲ったのは、高橋太郎《たかはしたろう》、安田優《やすだゆたか》の二人の少尉に引き連れられた四〇人近い兵士と下士官である。彼らはトラックに乗り、軽機関銃などを積み、この邸に着いたのは午前六時ごろだったという。

実際に邸内に入った襲撃班は二人の将校と六人ほどの下士官、兵士であった。

表門が開かないので、裏門から入り家の中に入ると、夫人が「あなた方は何をしようというのですか。用事があるなら玄関から入りなさい」と諭している。少なくとも陸軍の主要幹部の一人だから、青年将校や兵士にとってはこんな形での面会自体が異様であり、夫人も家族も納得しがたかったのであろう。襲撃班はそういう夫人を突き飛ばした上で、襖《ふすま》を開けた。寝室であった。すると中から威嚇のピストルが撃たれた。布団の中の渡辺と襲撃班の間で撃ち合いがあり、やがて渡辺の抵抗は止んだ。

布団の上から軍刀でとどめが刺された。こうして渡辺はテロに倒れた。

鈴木と渡辺の襲撃時の様相をあえて比較的細かく記述したのは、「昭和のテロが遺族にいかなる怒りを生むか」ということを確認するためである。二・二六事件そのものが国の行く末を大きく変えていった理由に、暴力への恐怖と怒りがあり、それを最も具体的に裏付けるのは、遺族の怒りの感情の側に国民が立たなかったことがあるからだ。私は鈴木貫太郎の孫娘に当たる鈴木《すずき》道子《みちこ》、そして渡辺錠太郎の娘である渡辺和子《わたなべかずこ》の二人には、「時代を超える遺族の怒り」を詳しく聞いている。それを紹介しておかなければならない。

それは、昭和のテロの傷跡が現在にまでつながっていると考えられるからだ。

渡辺和子がどうしても許せない人物

鈴木道子は現在（二〇二三年）九二歳になる。元気に日々を過ごしていて、私の各種の講座にも出席してくれている。彼女はもっか鈴木家の昭和史を執筆中でもあり、そこでは祖父がテロに出合ったことの恐怖を語っている。もとより道子は当時まだ五歳の幼児にすぎなかったが、父の一《はじめ》は農林省の官僚で、それだけに一族には不安と恐怖が広がったという。

鈴木は確かに血の海の中にいた。顔は土気色になり、脈は衰弱し、出血は止まらない。鈴木の元には次々と医師団が訪れた。自宅の一室が病床に変わり、そこで体内にとどまっていた弾丸が摘出された。絶対安静の時期が二週間ほど続いて、やっと鈴木は回復した。まさに奇跡であった。五月中旬、鈴木は天皇の前に進み出て無事であることを報告している。

道子によるならば、祖父の貫太郎の身体が強健だったこともあり、危機を脱したことは家族だけではなく、執事や秘書官、さらには天皇側近の人々と、多くの人に喜びをもって迎えられた。「歴史の上では、今も私は祖父が亡くならなかったことは、まだ陛下にお仕えしなければならないとの神意ではなかったかと思います。現場にいた人たちは、あのような状況で亡くならなかったことに誰もが驚いたというのです」と現在も語っている。

安藤輝三の出身地にある郷土資料館に、安藤と並んで鈴木のコーナーを作り、歴史の怨念を超えて、という展示を行いたいとの申し出があった時に、作家半藤一利《はんどうかずとし》と私は、道子から相談を受けた。もう一〇年ほど前になるだろうか。私たちは「鈴木さんのお考えは？」と逆に問うた。

「釈然としませんね。被害と加害が混乱しているのではないですか」

その答えのなかに、二・二六事件の被害者の存在を正確に把握してほしいという強烈な思いを感じ取ることができた。

これは渡辺錠太郎の娘の渡辺和子においても同様であった。

平成二六（二〇一四）年一月のことである。私は岡山市のノートルダム清心学園の理事長室を訪ねた。インタビューのためである。当時、渡辺は八七歳になっていて、そのころ刊行した『置かれた場所で咲きなさい』というエッセーがベストセラーになっていた。私のインタビューは、二・二六事件について、遺族としての感情やその気持ちを正確に確かめたいという思いからであった。午後一時から始めたインタビューは、夕方五時ごろまで続いた。

カトリックの信者として、さらには修道女としてのその人生の背後には信仰に生きる直線的な生きざまがあった。襲撃してきた青年将校や下士官、兵士と父・錠太郎が銃撃戦を行った時、和子はその部屋でテーブルの陰に隠れて身を縮めていたのである。当時九歳であった。襲撃隊が錠太郎を殺害して寝室を出ていった時に、和子はテーブルの陰から飛び出した。血染めの父親の遺体を見た時に、悲しさよりも恐怖で体が震えるのをおさえることができなかったというのだ。その光景が人生を支配するようになった。

私からのインタビューは、この事件について語る最後の機会としようと考えていたのかもしれない。決して饒舌《じょうぜつ》とは言えないが、それでも意外なことを数多く語ってくれた。それはテロの被害者の肉親の心からの叫びでもあった。私はその一言に落涙しそうになった。歴史のなかではるか昔のことになるのだが、テロの犠牲者の肉親にとってその傷跡は常に「現在進行形」なのであった。和子とのやりとりを通じて、テロの犠牲者の肉親にはどういう傷が残るのかということを私は書きとどめておきたいのである。

箇条書きにしておくほうがわかりやすく、かつ的確な指摘になると思う。

1 父がテロの犠牲になったことは、私の人生を変えることになった。
2 信仰は私の救いであり、私の支えであり、私の生きる鍵である。
3 テロの加害者を憎しみをもって見るのではなく、許すという心境で見た。
4 二・二六事件は複雑な構図があるにせよ正確に理解したい。
5 加害者の側にも許せる者と許せない者がいると考えている。

この五点が私には強く印象づけられた。和子の口ぶりは温厚であり、他者や社会に注ぐ視線は柔らかく、そして優しく映る。淡々と話す口調は信仰の思いに溢れている。しかし、ひとたび二・二六事件のテロのある断面に触れると口調は厳しくなるのである。

私は渡辺和子と次のようなやりとりを行った。紹介しておきたい。

保阪 テロの加害者をお許しにならないというのではなく、信仰をもとに許すというお気持ちがあるということですね。むろん全ての人を、ということではないでしょうけれど。

渡辺 そうですね。しかしどれほど信仰を高めたにしろ、許せるものと許せないものがいるということになります。

保阪　お父上を襲った青年将校や下士官、兵士などは、まだ許せるというふうに考えてもいいということになりますか。

私の問いに、渡辺はゆっくりと頷き、二・二六事件についての構図を語りはじめた。それは青年将校や下士官、兵士を巧みに使い、父親を殺害した陸軍の上層部の存在に注目するということでもあった。具体的には真崎甚三郎を指していた。こういう人物が青年将校を巧みに使い、このような大事件を画策したことになると断言した。それは明確な答えであった。

そういう人物は許すことはできない、ともう一度メリハリのある口調で断言した。

この答えに、私の疑問は一気に氷解した。二・二六事件の本質はこの証言者の言に凝縮されていたのだ。二・二六事件後の陸軍は真崎を追い払う形で、梅津美治郎、東條英機、寺内寿一らの新しい派閥が君臨を始めたのだ。このグループが陸軍内部の実権を握り、暴力の延長として軍事を政治の上位に置いて、テロの続編のような国づくりを進めたのである。

それは昭和五年から一一年二月までのテロルによって生み出された、暴力の季節の最終局面でもあった。

一貫してクーデターに反対した昭和天皇

二・二六事件が落ち着いたのは、昭和一一年二月二九日の午後三時である。戒厳司令部は、この事件が終結したとの宣言を発表した。それは意外に短く、「叛乱部隊は午後二時頃を以てその全部の帰順を終り茲《ここ》に全く鎮定を見るに至れり」とあった。

反乱部隊が殺戮の行動を開始したのが、二六日の午前五時とするならば、三日と一〇時間であった。延べ八二時間のクーデター未遂事件はむろん日本の歴史上でははじめてのことであった。八二時間もの時間を要したのはどういう理由があったのであろうか。この時間に一貫して変わらなかったことが二つある。それを最初に押さえておこう。

1 昭和天皇が計画の報告を受けた時から一貫して反対したこと。
2 決起した青年将校がクーデターを完遂するための意思を崩さなかったこと。

つまり、重要な役割を持つ当事者の意思は変わらなかった。結局、この国の主権者であり、軍の大権を握っている天皇の変わらざる意思こそがこの事件の帰趨《きすう》を決めたのである。

青年将校の行動は極めて残酷であった。昭和五年一一月の濱口雄幸首相襲撃のテロから、七年余の間に起こったテロの数々に比べて、それこそ並外れた規模のテロともいうべきその内実に、私たちは言葉を失うほどの不気味さを感じるのである。

このテロは、起承転結という枠組みのなかで見ていくならば、結の部分に当たる。そして次のようなことを意味していると見ていいであろう。やはりわかりやすく箇条書きにしておく。

1　集団テロ、殺害兵器の多様性による稀に見るほどの残虐性をもって要人暗殺を行った。
2　決行者の中心人物の青年将校は、一連の行動が昭和維新であるとの信念に基づいていた。
3　陸軍上層部は決行後も青年将校を逮捕せず、彼らの目的を聞き妥協的であった。
4　このクーデターは当初は成功していた。それゆえに決行者は次の段階に進んでいた。
5　天皇の奉勅命令（二八日午前五時八分）が戒厳司令官に出されて事態は鎮圧に向かった。

この五つの局面が八二時間のなかでの動きであった。そしてこの動きのなかに、二・二六事件は複雑な意味を含んでいたのである。具体的に言うならば、テロによって陸軍の昭和維新を企図するグループが、日和見の態度を取る軍上層部を脅かすことに成功し、権力を握ろうとしていたのである。その寸前にまで及んでいたのであった。登山に例えれば、その頂上にまで達する道を着実に歩んでいたのであった。あと一歩届かなかった理由は何だろうか。

それは、いかなる事があってもこの暴挙は認めないという天皇の強い意思であった。天皇は終始、一刻も早い鎮圧を望んでいて、もしそのような命令を聞かぬなら、自らが白馬に乗って鎮圧に赴くという決意を、侍従武官長の本庄繁などには伝えていた。本庄らはそういう天皇に必ずしも同調していたわけではなかったのだ。本庄に限らず皇道派の側に立つ要人は、そういう天皇の怒りには、ほとんど意を用いなかった。我が身の安泰を優先していたからであろう。

ごく常識的に考えれば、牧野伸顕を含めて六人の「股肱の臣」が襲撃され、三人が残忍な形で殺害された現実を抜きに、天皇の心中を推し量ることはまったく意味がない。決行者や彼らに同調していた軍事指導者が天皇の怒りを理解できないということは、近代日本の軍隊もここまで鈍磨した組織になったのか、との疑問が湧いてくるほどである。前述した五点の結論部分は、そういう事実を列挙したことにもなる。

二・二六事件の背後にある派閥闘争

この五点のなかで、テロやクーデターという暴力による政治改革の怖さについて触れておかなければならない。五点のうちの1と2の項目を見ていくことになるが、斎藤実や高橋是清、そして渡辺錠太郎の殺害状況は異常である。ピストルや機関銃で殺害した上に軍刀で何度も刺している。昭和五年一一月のテロの時代の始まり以降、これほど残虐な殺害方法はなかった。なぜこれほどまでに、と彼らに問えば、多分答えは「国賊だから」とか「昭和維新の逆賊だから」となったのだろう。あるいは「われわれの信念の強さを表している」という答えも返ってくるだろう。

先に触れたように、内大臣の斎藤実を斬殺した青年将校の一人が、血染めの手を振り上げて「国賊の血である」と喜悦の表情で叫んだのは、そうした信念が病的な状態にまで至っていたとも言えるのではないだろうか。どうしてこういう状態にまでなったのであろうか。

青年将校のなかで指導的な役割を果たした磯部浅一は、「行動記」のなかで襲撃の対象人物は「五・一五以来、同志の間に常識化していたから大して問題にならず、簡単に決定した」と書いている。つまり現役首相や天皇側近の有力者は、昭和維新の敵になるというのであった。ただし高橋是清と渡辺錠太郎は奇異に思われるだろうと言って、説明している。

次のようにだ。

「高橋〔是清〕は五・一五以来、維新反対の勢力として上層財界人の人気を受けていた。その上、彼は参謀本部廃止論なぞを唱え、昨冬予算問題の時には、軍部に対し反対的言辞をさえ発している。又、重臣、元老なき後の重臣でもある」

青年将校の側に言わせれば、反軍部の財政専門家である、というのが狙撃対象になったというのである。では渡辺はどうなのかということになるのだが、その理由については以下のように書き残している。

「渡辺は同志将校を弾圧したばかりでなく、三長官の一人として、吾人の行動に反対して弾圧しそうな人物の筆頭だ。天皇機関説の軍部に於ける本尊だ。〔それに加えて〕茲に特に附記せねばならぬ事は、林銑十郎を何故やらなかったかである」

林を狙撃の対象にしなかったのは、林は永田鉄山刺殺事件で人気を失い、軍の内外で評価を落としたからだとも記述している。本来なら統帥権干犯の中心人物たるがゆえに狙撃しなければならなかったともいうのである。このほかにも彼らの維新革命の邪魔になる逮捕すべき将軍や、斬殺の対象とする、自分たちに敵対する軍人の名を挙げている。これは彼らが川島義之陸相に突きつけた「要望事項」のなかにも書かれている。

磯部の「行動記」からの引用になるのだが、逮捕すべき将軍とは、小磯国昭、建川美次、宇垣一成、南次郎などの名が挙がっている。皇道派に批判的なグループの軍人たちといってもよいであろう。あるいは統制派、ないしは非政治的軍人といってもよいのではないか、と思う。一方で、磯部が自分たちに敵対する軍人として名を挙げて殺害すべしと想定していたのは林銑十郎、石原莞爾、片倉衷、武藤章、根本博の五人であったというのだ。結局、こちらも永田鉄山に近い、比較的戦略観の優れた軍人たちという言い方をしてもいいだろう。

こうした構図を見ていくと、二・二六事件は陸軍内部の派閥争いではないかとも思えてくる。そして実際にこの事件を巧みに利用して軍事政権の樹立に至る道を邁進したのは梅津美治郎、東條英機、武藤章などの軍人たちである。私はこのグループを新統制派と呼ぶが、このなかから、その政治的発想、思考方法、軍人意識、さらには尊王の精神が、二・二六事件の決行者とほぼ同じ枠組みのなかにある軍人が、次第に実権を握っていくのである。それが東條英機という軍人でもあった。

そして戦争の時代へ……

二・二六事件の決起将校を裁く特設軍法会議は、事件終結から四日後に枢密院で勅令によって裁可され、公布された。天皇はこの折に「この軍法会議は優柔不断の相沢三郎裁判のようなものであってはならない。しっかりとした考え方を持つ軍人を裁判長、判士とするように」とも命じている。法廷闘争などはとんでもないというのであった。

特設軍法会議は、昭和一一年四月二八日から衛戍《えいじゅ》刑務所内に特別に設けられた法廷で始まった。陸相の寺内寿一は裁判長や判士の控室を訪れては、「裁判は早くに終えろ。とにかく急げ」と督促したという。判士の一人（軍人）がそれほど簡単ではないと答えると、激高したという。現実の政治を動かす者にとって、早く処刑して陸軍への風当たりを弱めようとの計算があったのだ。

法廷は、決起将校が望んだように事の流れを逐一追いかけながら、青年将校の企図する昭和維新の気持ちを酌んでもらおうとの意思はまったく通用しなかった。初めから二・二六事件に絞り、それも当日の行動が大権を私議していることを問題視する方向へと進んでいった。青年将校たちもやっと気がついたのだ。陸軍の上層部に自分たちは体よく利用されているとの怒りであった。

しかし、法廷を急がせて、決起将校に重い刑を科し、そして最終的には天皇の一声によって釈放されるとも考えていた。

われわれの決起は、天皇のためであり、天皇のお気持ちに沿っているという信念は揺るがなかったのだ。しかし法廷の審議が進むにつれ、その信念がまったくの誤りであることを自覚しなければならなかった。

六月四日の第二三回公判で、論告求刑があった。二三人の軍人、旧軍人の決起将校は二人を除いて死刑が求刑された。将校たちは強い衝撃を受けた。神としての天皇が「われわれ正義の士を殺すはずがない」と信じていたからである。

七月五日、判決が言い渡された。一六人が死刑、五人が無期禁錮、一人が禁錮四年、一人が一〇年であった。判決から七日後、水上源一を加えた一五人が処刑され、二人（磯部浅一、村中孝次）は民間側の北一輝、西田税の裁判のために執行は遅らせられた。

磯部も村中も獄中で密かに自らの心境を綴り、後世に自分たちの思惑を書き残している。処刑が近づく日々に、磯部は「獄中日記」を綴り、「軍部をたおせ、軍閥をたおせ、軍閥幕僚を皆殺しにせよ、然らずんば日本はとてもよくならん　軍部の提灯もちをする国民と、愛国団体と一切のものを軍閥と共にたおせ、軍閥をたおさずして維新はない」と書いている。その怒りは寺内をはじめ事件後の軍事指導者を「〔自分が処刑されるまでに〕いのり殺してやる」とも書く。磯部は自分たちのテロがいかに巧妙に利用されたかに気がついたのである。

二・二六事件を利用して、軍事予算の拡大、自由主義者の排除、さらには陸海軍大臣現役武官制の復活、皇道派と目される軍人を追い出す粛軍人事が行われた。事件後に寺内や梅津、さらには東條などの新統制派ともいうべき人脈が行った政策は、青年将校の企図した国策を巧みに自分たちの権力を拡大するために利用したものであったことは間違いない。

二・二六事件のテロの怖さを利用した軍事政権はやがて戦争に進み、テロの残虐性が国家暴力へと拡大した戦争指導に入っていったのは歴史が示す通りである。昭和五年からの暴力の季節は、こうして戦争の時代へと突き進んでいったのである。

不気味な時代の再来を拒むために——あとがきにかえて

昭和のテロリズムやクーデター計画などを検証する際、その史実や人間関係を仔細に見ていくと、昭和という時代だけの分析では見えてこない部分があることに気づく。昭和のテロは、それ以前の歴史と深い関係を持っているのである。

つまり明治維新からの近代日本史の影を背負っているといえよう。昭和のテロの遠因とは何か、そのことを考える必要がある。昭和という時代がテロを生み出した歴史的な理由はなんだったのか、そう言い換えても構わないように思う。私は昭和史への関心が強かったのだが、昭和という時代空間の中だけでは因果関係が説明できない局面を感じることもある。最後に、明治・大正時代のテロを振り返ることで本書『テロルの昭和史』を締めくくりたい。

明治期のテロについて考えてみると、実はこの時代にも数多くのテロがそれ以降の現実を変えている。明治期のテロはだいたい前半の二〇年間に偏って発生している。いわば明治政府への反感、あるいは対立からの憎悪の感情を土台に持つと言えるだろう。明治政府の「改革政策」と「欧化政策」への反発が主たる理由である。

ここで、そのなかからいくつかのテロを取り上げ、その後の社会に与えた影響を考えてみることにしたい。私なりの判断になるのだが、さしあたり次の四事件が、大正から昭和への歴史に影響を与えていると見て分析を試みる。

1　明治一一（一八七八）年五月一四日の朝、参議兼内務卿の大久保利通《おおくぼとしみち》が、麴町区（現・千代田区）の自宅から赤坂仮皇居に向かう途次、六人の刺客に襲われて惨殺された。首謀者は旧加賀藩の下級武士の島田一良《しまだいちろう》ほか六人で、司法省の臨時裁判所で裁判が行われて死刑判決が出され即刻処刑された。決行者の斬奸状《ざんかんじょう》は、権力を私する弊害を克明に質していた。

2　明治一五（一八八二）年四月六日、東海道を遊説中の自由党総理であった板垣退助が、岐阜のある公民館のような建物で演説し、会場を出たところで暴漢に刺された。暴漢は地元の小学校教員の相原尚褧《あいはらなおぶみ》である。裁判では板垣が助命嘆願を出すなどしたため、罪が減じられ終身徒刑となった。相原は大赦での釈放後、板垣のもとを訪れ、謝罪している。

3　明治二二（一八八九）年二月一一日、文部大臣の森有礼《もりありのり》の官邸に、西野文太郎《にしのぶんたろう》を名乗る内務省の吏員が訪れ、大日本帝国憲法発布の式典に参加しようとしていた森に組みついた。懐《ふところ》に持っていた包丁を取り出し、左下腹を刺した。森は治療も及ばず翌日に死亡している。護衛が西野を斬って森から引き離した。西野は即死である。その斬奸状は、森の尊王精神の欠落に抗議する一方で、急進的な欧化主義への苛立ちを示していた。

4 明治二二（一八八九）年一〇月一八日夕刻、大隈重信が宮中での閣議を終えて官邸に馬車で戻る折に、爆弾が投げられ、周辺は煙で包まれた。馬車内の大隈は倒れて起き上がれない。それを確認した犯人の来島恒喜《くるしまつねき》は持っていた短刀で頸動脈を切り自殺を図った。来島は玄洋社の社員で、大隈外相の条約改正交渉の腹案が依然として国益を無視していると憤激してのテロであった。国内世論が大隈に批判的な空気のなかでの犯行でもあった。大隈は右足を切断して一命を取り留めた。

この四事件を近代史のその後のテロやクーデターの原型と捉えると、わかりやすい。原型ということの意味は、目的を明確にしたテロということである。テロの目的は、前述した明治政府の「改革政策」と「欧化政策」への抗議である。実行者は、不平士族が前者の「改革政策」に反対し、国粋主義に傾いた者が後者の「欧化政策」を非難している。そして犯行時の年齢は大久保を襲った島田は三一歳、板垣を襲った相原が二七歳、森を襲った西野は二一歳、大隈を襲った来島は三一歳である。

不平士族のテロは新政府への不満であるだけでなく、既得権益が失われたことへの強い苛立ちも窺えるように思うのだ。こうした図式のほかに、実際にテロを行うにあたり、いかなる凶器を用いたかを見ていくと、日本刀、短刀、包丁などが主である。この時期、テロで爆弾を用いるケースは自由民権運動のグループに多いのだが、来島は大阪事件(明治一八〔一八八五〕年)時に同志が作った手製の爆弾をもらい受けての犯行だったとも言われている。

こうしてこれらのテロの内訳を見ていくと、日本刀など刀剣を用いるテロの一方で手製の爆弾を用いる、いわば新しいテロの形が生まれてきたことが分かるのだ。近現代史のテロの原型という見方をするならば、これが大正、昭和にはどういう形に変質していったかも、また重要である。

大正期のテロは、財界人の安田善次郎《やすだぜんじろう》へ、原敬《はらたかし》首相を殺害したテロが歴史に刻まれているが(いずれも大正一〇〔一九二一〕年)、安田を安田の別邸で殺害した朝日平吾《あさひへいご》は三二歳の社会活動家で、短刀で斬りつけている。安田はほぼ即死、朝日はカミソリによりその場で自殺している。朝日は「死の叫び声」という遺書を残し、自らの行為は財閥が富を独占し、社会に還元しないことに怒っての犯行だったと主張している。原を暗殺した中岡艮一《なかおかこんいち》は短刀を使っている。一八歳の国鉄の転轍手《てんてつしゅ》であったという。この事件も奇妙な点がいくつもあり、二〇歳前後の青年のテロはその背景に政治的、思想的大物が絡んでいるのではないかとの見方もされている。真相は未だ不明というべきであろう。こうした大正期のテロが、前述の明治期の四事件をどのような形で引きずっているのか、今後、より詳しく調べる必要がある。

一方で大正期には、関東大震災（大正一二［一九二三］年）時のアナーキスト大杉栄《おおすぎさかえ》と伊藤《いとう》野枝《のえ》、それに大杉の甥である橘宗一《たちばなむねかず》（七歳）が、憲兵隊によって殺害されるというケースもあった。国家権力によるテロというべきであろう。本書第五章の「国家暴力というテロリズム――死のう団事件の異観」などは、その系譜（特高警察の拷問というテロ）に連なる。さらにそれは、昭和一八（一九四三）年の警察当局のフレームアップ（捏造）による言論弾圧である横浜事件にもつながる流れであろう。そして、その原点へと辿れば、明治四三（一九一〇）年の大逆事件に震源があると言えるかもしれない。

昭和のテロやクーデターの内幕を追いかけてみて、暴力が全面に出てくる時代は社会が病んだ状態ではないのだろうか、との感がしてならない。テロの連鎖やそのテロを義挙扱いする社会は、まさにファシズムそのものである。

私は、「昭和史」を具体的に検証、分析する道を歩んできたが、軍人、右翼思想家、さらにはテロリストと言われた人々にも会って証言を求めてきた。その中で最も印象に残ったのは、五・一五事件に連座した軍人、国家改造運動に全力を傾けた青年将校、さらには桜会周辺の中堅幹部などである。ほかにも東京憲兵隊の幹部が戦後、ＧＨＱ（連合国総司令部）に追われて地下に潜っているときの話も聞いた。彼らの話は、テロに対して特別の恐れを持っているわけではなく、テロを否定しない。それが不思議であり、こういうタイプの人間たちがテロの歴史をつくってきたのかと思うと不気味な感がした。「テロルの昭和史」の検証は、いま兆しつつある不気味な時代の再来を拒むことにつながらなければならない。それが前提である。

本書は現代新書編集部の小林雅宏氏に示唆を受けて一冊に編まれた。また、本書の一部は『サンデー毎日』二〇二二年七月二四日号から二〇二三年六月二五日号まで掲載された「昭和テロリズム論」を元にし、全面改稿、大幅加筆した。連載時、向井徹氏には資料面などで尽力いただいた。両氏に改めて感謝したい。

二〇二三年七月　保阪正康

N.D.C. 210　254p　18cm
ISBN978-4-06-533091-3

講談社現代新書　2715

テロルの昭和史《しょうわし》

二〇二三年八月二〇日第一刷発行

著　者　保阪正康《ほさかまさやす》

発行者　髙橋明男

発行所　株式会社講談社
東京都文京区音羽二丁目一二―二一　郵便番号一一二―八〇〇一

電　話　〇三―五三九五―三五二一　編集（現代新書）
〇三―五三九五―四四一五　販売
〇三―五三九五―三六一五　業務

装幀者　中島英樹／中島デザイン

印刷所　株式会社ＫＰＳプロダクツ

製本所　株式会社国宝社

定価はカバーに表示してあります　Printed in Japan

「講談社現代新書」の刊行にあたって

教養は万人が身をもって養い創造すべきものであって、一部の専門家の占有物として、ただ一方的に人々の手もとに配布され伝達されうるものではありません。

しかし、不幸にしてわが国の現状では、教養の重要な養いとなるべき書物は、ほとんど講壇からの天下りや単なる解説に終始し、知識技術を真剣に希求する青少年・学生・一般民衆の根本的な疑問や興味は、けっして十分に答えられ、解きほぐされ、手引きされることがありません。万人の内奥から発した真正の教養への芽ばえが、こうして放置され、むなしく滅びさる運命にゆだねられているのです。

このことは、中・高校だけで教育をおわる人々の成長をはばんでいるだけでなく、大学に進んだり、インテリと目されたりする人々の精神力の健康さえもむしばみ、わが国の文化の実質をまことに脆弱なものにしています。単なる博識以上の根強い思索力・判断力、および確かな技術にささえられた教養を必要とする日本の将来にとって、これは真剣に憂慮されなければならない事態であるといわなければなりません。

わたしたちの「講談社現代新書」は、この事態の克服を意図して計画されたものです。これによってわたしたちは、講壇からの天下りでもなく、単なる解説書でもない、もっぱら万人の魂に生ずる初発的かつ根本的な問題をとらえ、掘り起こし、手引きし、しかも最新の知識への展望を万人に確立させる書物を、新しく世の中に送り出したいと念願しています。

わたしたちは、創業以来民衆を対象とする啓蒙の仕事に専心してきた講談社にとって、これこそもっともふさわしい課題であり、伝統ある出版社としての義務でもあると考えているのです。

一九六四年四月　野間省一